collection DataPro

Gestion d'un projet web

Planification, pilotage et bonnes pratiques

ISBN : 978-2-7460-6827-8
Imprimé en France

Editions ENI
ZAC du Moulin Neuf
Rue Benjamin Franklin
44800 St HERBLAIN
Tél. 02.51.80.15.15
Fax 02.51.80.15.16

e-mail : editions@ediENI.com
http://www.editions-eni.com

Auteur : Vincent HIARD
Collection **Data Pro** dirigée par Joëlle MUSSET

Les exemples cités tout au long de cet ouvrage sont téléchargeables à l'adresse suivante : **http://www.editions-eni.fr**.
Saisissez la référence ENI de l'ouvrage **DPGPRW** dans la zone de recherche et validez. Cliquez sur le titre du livre puis sur le lien de téléchargement.

Chapitre 4
La phase de lancement

Chapitre 6
La phase de réalisation

Chapitre 7
La mise en ligne et la phase d'exploitation

Chapitre 8
La conduite de projet web

Chapitre 9
Quelques bonnes pratiques du Web

Avant-propos

1. Les objectifs du livre

L'objectif principal de ce livre est de proposer une vue détaillée sur la gestion de projet web basée sur l'expérience terrain et compréhensible par tous. Ce livre permet au lecteur de bâtir un site web dans les règles de l'art. L'approche proposée se veut volontairement plus fonctionnelle que technique. Par conséquent, certains sujets ont volontairement été simplifiés afin d'en faciliter la compréhension. Ces sujets pourront être approfondis individuellement par le lecteur le cas échéant.

Le livre couvre l'ensemble des étapes essentielles d'un projet web en proposant un chapitre par grande phase. Cette structuration permet de répondre à deux besoins.

- Celui des lecteurs qui sont en phase amont du projet web, qu'il s'agisse d'une refonte ou d'une création pure de site web. En enchaînant chronologiquement les chapitres, le lecteur consolide étape après étape les bases de son projet jusqu'à sa concrétisation.
- Celui des lecteurs en cours de projet, qui sont confrontés à une problématique précise. La réponse est plus chirurgicale. Le découpage des phases du projet en chapitres distincts permet d'accéder plus rapidement à une information précise en fonction de la phase dans laquelle se trouve le projet web. Ce type d'approche convient au lecteur en cours de projet qui est confronté à une problématique précise.

Enfin, pour assister le chef de projet web dans sa mission, un chapitre entier est consacré exclusivement à la méthodologie de conduite de projet web, de la planification au pilotage.

2. À qui s'adresse ce livre ?

L'approche fonctionnelle du livre permet sa compréhension par toutes les personnes concernées par un projet de site web. Il permet aux professionnels de l'entreprise (direction générale, direction de la communication, direction marketing, direction commerciale, direction informatique, etc.) de bénéficier d'une méthodologie solide pour réaliser un site web de qualité répondant aux attentes de la stratégie de l'entreprise.

Le livre est également un guide de référence pour le chef de projet web – qu'il soit dans l'entreprise ou prestataire – qui souhaite consolider sa méthode de conduite de projet web.

La synthèse des différentes étapes des projets web et la méthodologie de conduite de projet proposée répondent parfaitement aux attentes des étudiants.

Enfin, de par sa facilité de compréhension, le livre permet aux particuliers et dirigeants de petites entreprises qui souhaitent réaliser un site web de qualité, d'acquérir les bases de la culture Internet.

3. La structure du livre

Le chapitre Qu'est-ce qu'un projet web ? définit la notion de projet web, à travers ses enjeux et ses caractéristiques.

Le chapitre Les types et acteurs de projets web propose une catégorisation des différents sites web, décrit leurs particularités et définit les différents acteurs du projet web.

Les chapitres La phase de définition à La mise en ligne et la phase d'exploitation présentent individuellement les phases d'un projet web : la définition, le lancement, la conception, la réalisation, la mise en ligne et l'exploitation du site web. Chaque phase est détaillée, point par point, ainsi que ses livrables associés (étude de faisabilité, réunion de lancement, cahier des charges, appel d'offres, cahier des spécifications fonctionnelles détaillées, scenarios de test, procès-verbaux – ou PV – de recette, documentation projet, formations des utilisateurs).

Le chapitre La conduite de projet web se veut être un guide méthodologique pour la conduite de projet. La planification, le suivi et le pilotage sont passés au crible. Les outils de gestion de projet y sont présentés et expliqués (le diagramme de Gantt, les réseaux PERT, l'estimation des charges, les réunions de projet et le management de l'équipe).

Le chapitre Quelques bonnes pratiques du Web regroupe un ensemble de bonnes pratiques à mettre en œuvre pour avoir un site de qualité apprécié des internautes.

Chapitre 1
Qu'est-ce qu'un projet web ?

1. La définition d'un projet web

On nomme projet web un projet informatique dont les livrables (résultats concrets attendus) ont pour destination finale, le réseau Internet. Comme un projet informatique de type applicatif (dont la finalité peut être une application ou un logiciel), le projet web doit répondre à un besoin fonctionnel précis, mobiliser les ressources nécessaires (humaines, techniques, technologiques, matérielles...) pour sa réalisation, s'inscrire dans la limite de l'enveloppe budgétaire allouée et respecter un calendrier précis. La similitude entre ces deux types de projets s'arrête ici.

2. Les enjeux d'un projet web

En une décennie, les enjeux des projets web ont radicalement changé. À l'aube des années 2000, le monde et la France en particulier découvraient le média Internet. Après une période d'observation, les entreprises françaises ont pris conscience qu'il fallait avoir un site web, l'enjeu principal était d'être présent sur la Toile. Hormis quelques ambitieux ou visionnaires, les sites Internet se résumaient à des sites vitrines présentant l'entreprise et ses métiers. À l'époque, Internet faisait une percée timide dans la société française. L'équipement informatique représentait un coût élevé et non prioritaire, les débits n'étaient que de 56 Kbit/s, les frais de connexion proposés par les fournisseurs d'accès Internet (FAI) étaient excessifs et le minitel était un sérieux concurrent qui occupait la première place. Aujourd'hui, une dizaine d'années plus tard, le Web s'est professionnalisé. Internet s'est imposé comme un média à part entière, au même titre que la télévision, la radio, l'affichage ou la presse. À ce titre, les projets web s'intègrent désormais à part entière dans les lignes stratégiques des entreprises, les enjeux des projets web sont devenus stratégiques et les résultats attendus mesurables.

3. Les objectifs d'un projet web

Être présent sur Internet n'est donc plus un objectif en soi. Lorsque l'on démarre un projet web, il est impératif de définir clairement ce que l'on attend de son projet web. Puisque la mise en place de ce projet web aura des impacts sur le budget financier et l'organisation de l'entreprise, il est nécessaire de l'inscrire dans une ligne stratégique de l'entreprise. Les objectifs et les résultats attendus sont les premiers éléments qui permettront de définir l'ampleur du projet web, le budget qui devra être alloué ainsi que son délai de réalisation.

3.1 La notoriété et la crédibilité

Avec plus de 37,5 millions d'internautes français, 500 millions d'internautes européens et plus de 2 milliards d'internautes dans le monde en 2010 (source Médiamétrie et IMR World), Internet s'est imposé rapidement comme un média de masse. C'est un média incontournable pour asseoir et entretenir la notoriété de son entreprise. La notoriété d'un site Internet ne doit pas reposer uniquement sur une bonne position dans les pages de résultats des moteurs de recherche. Elle se travaille sur le long terme, au quotidien dans la vie de l'entreprise, en commençant par exemple par faire figurer l'adresse du site Internet sur les cartes de visite, sur les documents administratifs, sur les publicités. C'est une véritable culture que doit intégrer l'entreprise.

Au-delà de la notoriété, c'est la crédibilité professionnelle qui est la plus exposée sur Internet. Les internautes accorderont du crédit à un site connu et bien réputé. Pour atteindre cet objectif, qui est la finalité du projet web, il faut établir la crédibilité du site web en tant que site professionnel en optant pour un graphisme de qualité, en excluant par exemple les éléments utilisés sur les sites amateurs (gifs animés, clignotements intempestifs...). Les contenus devront être riches, fiables, vérifiables et fréquemment mis à jour. Enfin, le site web doit se conformer à toutes les obligations réglementaires et faire preuve de toute la transparence nécessaire à l'instauration d'une relation de confiance avec l'internaute.

3.2 L'interconnexion

Pendant longtemps, les sites Internet étaient positionnés à côté du système d'information de l'entreprise. On créait un site Internet et l'on mettait en place une équipe dédiée aux évolutions et aux mises à jour. Ce type d'organisation, bien que réactif, se raréfie aujourd'hui pour laisser la place à l'intégration du site Internet dans le système d'information de l'entreprise.

De simple support, le site web est devenu une passerelle pluridisciplinaire entre le système d'information et le réseau Internet. Les informations communiquées par le site web ne sont plus créées uniquement par la ligne éditoriale de l'équipe Web. Elles sont héritées de la ligne éditoriale des services de communication et de marketing de l'entreprise. La même information, saisie une seule fois, peut se retrouver sous différentes formes publiée dans la presse, diffusée en interne, publiée sur les sites web de l'entreprise et reprise par d'autres sites web partenaires. Le partage de la même source d'informations est un gage majeur de qualité, de fiabilité et de contrôle de l'information émise.

3.3 L'interactivité

Le site web aujourd'hui doit communiquer avec les services back-office de l'entreprise. Que ce soit d'un point de vue administratif avec la gestion des stocks, l'enregistrement comptable, le stockage des historiques transactionnels et la mise en œuvre logistique ou d'un point de vue commercial avec la gestion des e-mails entrants et sortants, l'historique des relations clients et prospects (souvent en interaction avec un CRM - *Customer Relationship Management*) ou la mesure de campagne de prospection.

Techniquement et technologiquement, l'intégration du site web au système d'information doit apporter une certaine compatibilité. Cette compatibilité et la mutualisation des développements et des outils permettent de réaliser des économies d'échelle non négligeables. Dans certains cas, il est possible que ce soit le Système d'Information qui subisse une mise à jour pour les besoins du site web.

Enfin, l'impact de l'intégration n'est pas négligeable sur l'organisation humaine. Au lieu de constituer une équipe dédiée, les ressources peuvent être partagées avec d'autres services informatiques. Puisque le site web tend à devenir une solution qui restitue du contenu hérité, les ressources web pourront plus aisément se concentrer sur la conduite de projet informatique, pas obligatoirement orienté Web.

3.4 La qualité et la pérennité

La qualité d'un site web devrait être une priorité. Cela commence dès la mise en route du projet et va au-delà de la mise en ligne. Les jalons qualité doivent être posés à tous les niveaux de la conduite de projet. Que ce soit d'un point de vue technique (architecture technique, disponibilité de la bande passante, etc.), technologique (choix des solutions, normes de développement...), éditorial (qualité des informations, relecture, fautes d'orthographe, etc.), réglementaire (CNIL, loi sur la confiance numérique, etc.), organisationnel (gestion des mises à jour, gestion des e-mails).

Un site web doit s'inscrire dans la durée. Tout d'abord parce que les projets web qui sont interconnectés avec les systèmes d'informations représentent un investissement humain et financier non négligeable. De plus, un projet web peut être planifié sur une période assez longue, souvent jalonnée par des livraisons intermédiaires. La mobilisation des équipes projet et le fort désir d'atteindre les objectifs finaux devront avoir raison des essoufflements que peut induire une gestion de projet assez longue. Un projet web est devenu un investissement à plus ou moins long terme.

La qualité et la pérennité de votre site web sont les garants de la notoriété et de la crédibilité de l'entreprise.

3.5 La rentabilité et la productivité

Les projets web, en s'intégrant aux systèmes d'information, ont hérité de la même rigueur de gestion mais également des mêmes contraintes de rentabilité que les projets informatiques classiques. Puisqu'il s'inscrit désormais dans le temps et qu'il engage des budgets financiers, le projet web doit être rentable. Autant il est facile de mesurer les audiences ou le coût total d'un site Internet, autant cela se complique lorsque l'on doit mesurer le retour sur investissement, le fameux ROI (*Return On Investment*).

Le ROI est une mesure de performance utilisée pour évaluer l'efficacité d'un investissement ou pour comparer l'efficacité d'un certain nombre d'investissements différents. Pour calculer le ROI, on divise le bénéfice d'un investissement par le coût de celui-ci. Le résultat est exprimé en pourcentage ou en ratio.

ROI = (Gain – Coût de l'investissement) / Coût de l'investissement

Dans les projets Internet, cet exercice s'avère délicat car le retour sur investissement est difficilement mesurable, notamment pour un site non marchand. Il convient alors d'inclure le coût du site Internet dans un dispositif web. Le dispositif web est l'ensemble des actions qui vont être entreprises pour amener des internautes sur le site Internet (campagne e-mailing, achat de mots-clés, partenariats...). Ce dispositif qui a un coût mesurable permet de définir des objectifs mesurables (nouveaux internautes, taux de clic).

Un site Internet doit permettre d'augmenter la productivité de l'entreprise. Que ce soit pour la communication ou pour toute autre tâche administrative, cette productivité, qui peut se quantifier en jours/homme et donc en économie financière, pourra également rentrer dans le calcul du ROI du dispositif web.

3.6 La simplicité

Une des clés du succès d'un site Internet est sa simplicité. Google (http://www.google.com), par exemple, s'est imposé rapidement avec uniquement une page blanche affichant un logo et un champ de recherche. C'est un bon exemple qui illustre que simplicité et réussite sont compatibles. Il est important d'étudier en amont les habitudes et les comportements des internautes, de s'imprégner de la culture Internet ou de s'entourer d'une compétence spécialisée. C'est en amont du projet que cette imprégnation est intéressante puisqu'elle influera sur le choix des solutions, du graphisme et des fonctionnalités du site Internet. Les choix qui seront faits pour le site Internet doivent garder en trame de fond la simplicité d'utilisation, de compréhension, de mise en œuvre. Il faut prolonger ce principe de simplicité lors de la mise en œuvre de la partie back-office. Un site Internet pour lequel la publication de contenu ou la gestion des e-mails sont un travail fastidieux pour les utilisateurs est voué à l'échec rapidement.

3.7 L'utilisabilité

L'utilisabilité dans le cas d'un site web impose de prendre en compte le comportement cognitif et intuitif des utilisateurs dans la production d'une interface informatique. C'est la machine qui s'adapte à l'homme, et non l'inverse. Son champ d'action va de l'emplacement d'un bouton "valider" au test utilisateur en situation réelle de la solution complète. Beaucoup de sites Internet et d'applications manquent d'ergonomie. Ils deviennent rapidement très complexes d'utilisation et sont vite abandonnés par les utilisateurs.

L'utilisabilité, après avoir longtemps été négligée, s'invite aujourd'hui comme acteur majeur des projets web. Complémentaire de la maîtrise d'ouvrage et de la maîtrise d'œuvre, la maîtrise d'usage apporte une dimension supplémentaire au projet web. C'est une approche humaine de la conduite de projet. La maîtrise d'usage étudie et prend en considération les usages des utilisateurs. C'est un acteur indispensable à la réussite du projet web.

4. Les caractéristiques d'un projet web

Ce qui différencie un projet web d'un projet informatique classique c'est avant tout la finalité : le réseau Internet. Nous pouvons facilement extrapoler en présentant celui-ci comme un immense marché mondial dans lequel tout le monde peut venir exposer gratuitement ses contenus (les exposants), à condition de remplir les conditions d'accès technologiques orientées Web et de respecter les conditions réglementaires. Dans ce marché tout le monde peut également venir consulter du contenu (les visiteurs) à condition d'avoir un moyen d'accès adapté au Web (navigateur Internet, smartphone, tablette numérique, téléviseur...). La première caractéristique d'un projet web est donc de faire en sorte qu'exposants et visiteurs puissent se rencontrer. Pour cela, le contenu des exposants devra être consultable par une grande partie des visiteurs.

Dans ce marché mondial composé de plus de 200 millions de sites web, le premier objectif des exposants est de se faire repérer pour se faire connaître ou pour faire des affaires et celui des visiteurs de trouver rapidement le bon exposant qui répondra à leurs attentes. La première caractéristique est que les exposants ont recours à des experts spécialisés pour se distinguer (marketing, communication, référencement, commerciaux...), et que les visiteurs utilisent des outils pour faciliter leur recherche (moteurs de recherche, forums de discussion, réseaux sociaux...).

La seconde caractéristique d'un projet web réside donc dans la composition de l'équipe projet web. Celle-ci est composée de multiples compétences (marketing, communication, informatique...).

Enfin, rappelons que ce marché est en constante évolution puisqu'il y a de plus en plus d'exposants et que les moyens de connexion des visiteurs se multiplient. Cela implique de faire les bons choix, les bons arbitrages pour inscrire son projet web dans la durée.

4.1 Un nouveau moyen de communication

Le Web est souvent considéré uniquement comme un moyen de diffusion d'informations pour l'entreprise. Beaucoup de sites web ont malheureusement été élaborés dans cette seule optique. Internet est un moyen de communication nouveau au sein d'une économie, elle aussi nouvelle : l'économie numérique. Les projets Internet doivent prendre de l'ampleur et s'insérer dans une vraie stratégie Internet.

Il faut initier au sein de l'entreprise une culture web à laquelle tout le monde doit adhérer. La mise en place d'un intranet, de places d'échanges numériques d'informations, les e-mails, la numérisation des documents, les sites Internet, les sites extranets, les portails d'entreprise sont autant de composants qui vont dans le bon sens.

Lors de l'initialisation d'un projet web, il faut prendre en considération le niveau de culture web de l'entreprise afin d'identifier rapidement les intervenants moteurs et les réfractaires au changement.

4.2 La gestion de projet

Il est fréquent de constater, notamment dans les grandes entreprises, que la gestion de projet web est souvent centralisée dans les directions des systèmes d'information, dans le service des études plus précisément. Le chef de projet web utilise alors les mêmes outils et les mêmes méthodes de travail que ces collègues qui font de la gestion de projet informatique applicatif. Il est préférable de donner de l'autonomie à la cellule web, en la positionnant à mi-chemin entre les services métier (commercial, marketing, communication...) et les services informatiques.

Gérer un projet web comme un projet informatique classique aboutirait à produire un site web qui mettrait en avant les besoins et les ressources informatiques de l'entreprise en négligeant les attentes réelles des utilisateurs. Ce type de conduite de projet web aboutit souvent à une gestion qualifiée de "courte vue et petits pas", qui n'exploite pas tout le potentiel du média Internet et qui finalement ne fait que reproduire ce que l'on a déjà fait par le passé.

4.3 L'ordonnance de l'information

L'information affichée sur un site doit être dictée par le besoin des internautes. Beaucoup de sites Internet ont tendance à regrouper les contenus du site web en menus qui calquent la structure de l'entreprise. Ainsi la navigation se fonde sur l'organigramme de l'entreprise. On risque alors de se retrouver dans la situation dans laquelle des informations de même nature sont rangées dans deux rubriques différentes, ce qui peut dérouter l'internaute. Prenons par exemple le cas d'un groupe bancaire qui chapeaute deux sociétés de gestion différentes. Bien qu'elles soient distinctes, chaque société produit, sous la même forme, des informations sur les fonds qu'elle commercialise.

La tentation première est d'ordonnancer le contenu de la manière suivante :

Page d'accueil → société de gestion 1 → présentation de la gamme 1

Page d'accueil → société de gestion 2 → présentation de la gamme 2

Alors que l'internaute aura tendance à rechercher le contenu de cette façon :

Page d'accueil → présentation de la gamme 1+2 → société de gestion 1 ou 2

L'internaute qui cherche des informations sur la gamme de produits du groupe bancaire comblera rapidement son besoin sans se soucier de l'organisation interne. Des filtres supplémentaires peuvent être ajoutés afin qu'il affine sa recherche, mais dans un deuxième temps.

Prenons également l'exemple d'un magasin de chaussures. Il a deux façons de présenter ses produits, par marque ou par type de chaussure. L'ordonnancement que le directeur du magasin retiendra devra se faire en fonction de ce qu'attend l'acheteur, et non en fonction de ce qui arrange le vendeur.

4.4 Le mode d'écriture

Le style d'écriture pour le Web n'est pas le même que celui des documents imprimés. L'internaute ne vient pas forcément lire sur un site, il vient chercher une information. La lecture sur Internet se résume plus à une analyse du contenu qu'à une lecture au mot à mot. La lecture sur écran est plus fatigante et environ 25 % plus lente que la lecture sur papier. Le langage utilisé doit être clair, simple et dénué de tous mots techniques complexes et surtout sans fautes d'orthographe, celles-ci perturbent la lecture et accroissent encore le temps de lecture. Les phrases sont courtes, sans mots inutiles ; chaque mot-clé qu'elles contiennent renvoie par un lien hypertexte à un autre article développant plus en détail l'idée autour de ce mot-clé.

Jakob Nielsen (http://www.useit.com/), reconnu mondialement comme le précurseur de l'utilisabilité, a été le premier à étudier, synthétiser et communiquer sur les bonnes pratiques à adopter pour réussir un site Internet, notamment dans l'écriture pour le Web. Même si son travail, basé sur l'étude des comportements des internautes, date de 1999, les préceptes restent plus que jamais d'actualité et sont fortement recommandés.

4.5 Le principe de promotion

Sur Internet, il faut être vu, ce principe fondamental, partagé par plus de 200 millions de sites Internet à travers le monde, crée de la concurrence et oblige désormais à adopter, dès l'initiation d'un projet web, quelques bons réflexes pour poser les fondations de la promotion naturelle du site web. Le premier principe est celui de promotion qui aura un impact sur l'architecture de l'information, le nom des répertoires, le nom des fichiers et sur le contenu des pages. La sémantique doit être optimisée pour un référencement naturel. Il est intéressant de se faire assister par un spécialiste du domaine, ne serait-ce que pour identifier les mots-clés à utiliser et le positionnement de la concurrence sur ces mots-clés.

Le deuxième élément de ce principe de promotion est le libre échange d'informations. Si la ligne éditoriale produit des informations, des actualités et que celles-ci sont certifiées, il est intéressant de partager ce contenu. Le format des informations doit donc être portable et facilement récupérable par les autres sites Internet. Le format usuel étant le flux RSS (*Really Simple Syndication*), il est capital d'inclure la mise en place de sa chaîne de production et son moyen de restitution dans le cahier des charges du projet web. L'adaptation à cette portabilité de l'information se répercute également sur la rédaction des titres, des résumés, des textes et sur le poids des fichiers associés (PDF, vidéos...).

4.6 L'indépendance du contenu

Au début des années 2000, un webmaster qui réalisait un site Internet encapsulait dans son code les éléments, les textes et la mise en page. Lorsqu'une mise à jour était nécessaire, il redéveloppait ces pages, en facturant au passage ses prestations "à la page".

L'explosion du média Internet, la pluralité des moyens de connexion et l'interconnexion avec les systèmes d'information ont eu raison rapidement de ce mode de fonctionnement.

Désormais un site Internet se résume à un assemblage de différents éléments, tous indépendants les uns des autres qui peuvent être réutilisés pour un autre usage ou par un autre support. Le contenu est séparé de l'apparence. Parmi ces éléments figurent :

- Les contenus textuels. Ils incluent tous les textes du site Internet, mais aussi les informations, les actualités, les communiqués, etc.
- Les contenus métier et chiffrés. Ils sont susceptibles d'être repris, ce sont les données sensibles de l'entreprise qui doivent respecter un circuit de validation strict avant publication sur Internet (chiffres clés, ratios sectoriels...).
- Les éléments graphiques. Ce sont les images, les logos, mais aussi les polices, les tailles de caractères et la mise en page du site web, etc.
- Les webservices. Ce sont des applications extérieures au site web qui renvoient un résultat à afficher au site Internet si celui-ci le sollicite.

Le site web doit être l'assembleur de tous ces éléments.

L'indépendance de chaque élément pose les bases d'un système d'information internet fiable, évolutif et apte à communiquer avec d'autres sites.

5. Les moyens et les ressources d'un projet web

Comme tout projet, un projet web doit être doté de moyens techniques, financiers et humains pour aboutir. La quantité de moyens variera au cours du projet mais aussi en fonction du livrable attendu. Chaque livrable peut mobiliser des ressources dédiées dont les équipements ne peuvent pas être partagés avec les autres équipes. Si on applique le principe d'indépendance des éléments, les livrables graphiques, les livrables de développement et les livrables de contenu nécessiteront des moyens et des ressources différentes.

5.1 Les moyens techniques

Les moyens techniques regroupent l'intégralité des outils informatiques qui seront essentiels pour la réalisation du projet. Les ordinateurs, les logiciels et les serveurs font partie de ces moyens techniques. Plusieurs configurations peuvent être nécessaires pour combler les besoins de l'ensemble des intervenants hétéroclites du projet web.

5.1.1 Les postes développeurs

Les technologies web étant exigeantes en termes d'équipement informatique, il est préférable de travailler sur du matériel récent. Pour pallier les carences en performance, il est impératif de ne pas sous-estimer les besoins en mémoire vive (RAM, *Random Access Memory*) spécifiques de chaque poste.

Les postes utilisateurs de type graphique qui ont vocation à réaliser des éléments graphiques (images matricielles ou vectorielles, pictogrammes, maquettes graphiques...) nécessitent l'installation de logiciels spécifiques extrêmement gourmands en mémoire vive. Le minimum requis en RAM pour ce type de poste est de 4 gigaoctets (Go). Par souci de confort d'utilisation et donc de productivité, l'écran idéal doit être grand (minimum 20 pouces) afin d'afficher une résolution d'écran minimale de 1 680 X 1 050. Un double écran et une palette graphique sont également des éléments de confort appréciés par les utilisateurs.

Les postes utilisateurs de type éditorial qui produiront les informations, les communiqués de presse, les actualités, les textes de contenu sont des postes bureautiques de type classique. Toutefois, pour bien fonctionner sur les nouvelles versions des systèmes d'exploitation, un minimum de 2 Go de RAM est nécessaire.

Les postes utilisateurs de type développeur qui seront utilisés pour réaliser tous les développements (site web, webservices...) devront également être a minima équipés de 4 Go de RAM. Comme pour les postes de type graphique, le confort visuel sera amélioré avec un double écran et une grande résolution.

Pour réaliser les tests de recette en situation réelle et tester le site web sous différentes configurations, il est conseillé de posséder des ordinateurs Mac (Macintosh) et des ordinateurs PC.

5.1.2 Les licences

Il existe également des spécificités pour les logiciels nécessaires à l'élaboration d'un site web. Ces logiciels peuvent être soumis à des licences commerciales payantes, ou à des licences gratuites sous conditions (GPL, IDPL, charityware, shareware) ou être tout simplement gratuits (freeware). La liste des logiciels est longue, le choix d'un logiciel s'effectuera souvent en fonction de la ressource humaine associée, ou du budget disponible.

À l'exception de Linux, les systèmes d'exploitation Windows et Mac OS sont également soumis à des licences commerciales.

Il conviendra d'ajouter les licences et les frais associés pour l'utilisation d'images soumises à droit d'auteur qui illustreront le projet web.

5.1.3 Les logiciels

Les logiciels à installer sur les postes utilisateurs sont fonction du rôle de chacun. Certains besoins, parfois ponctuels, nécessitent l'installation de plusieurs logiciels sur le même poste. Voici les grandes familles de logiciels :

- Création graphique : il faut se munir d'un logiciel pour les dessins vectoriels (redimensionnables sans perte de qualité) et/ou d'un logiciel pour les images matricielles (image numérique composée de pixels).
- Création des textes : un logiciel de traitement de texte sera utilisé pour la création et la modification des textes qui rempliront le site Internet.
- Création multimédia : pour produire ces contenus, de type PDF, vidéo, audio, animation Flash, il existe pléthore de logiciels spécifiques ciblant un besoin particulier. N'existant pas de logiciel englobant tous les cas de figure, le choix de l'outil se fera en fonction des livrables attendus.

– Développement : il faut distinguer les logiciels WYSIWYG (*What You See is What You Get*) pour une approche graphique de la création de pages web, des logiciels plus orientés "codeur", qui offrent une assistance aux développeurs, personnalisable selon le langage informatique utilisé.

– Mise en production : il faut installer des logiciels spécifiques pour la gestion des bases de données, la sauvegarde des codes source, la mise en ligne du site.

– Gestion de projet : de l'élaboration du planning au diagramme de Gantt, plusieurs logiciels sont indispensables pour le chef de projet tout au long du projet.

– Navigation Internet : pour visualiser et tester le site sous différents navigateurs, l'installation de ceux-ci est incontournable. Il existe toutefois des émulateurs de navigateurs qui peuvent pallier ces installations.

5.1.4 Les serveurs

Un site web doit être hébergé sur un serveur relié à Internet. Ce serveur web dit frontal permet la navigation à l'intérieur du site Internet en interprétant des requêtes du protocole HTTP. Les serveurs web les plus populaires sont Apache ou IIS. À côté de ce serveur web figurent les serveurs d'applications qui permettent de restituer sur le site du contenu issu d'un autre système d'information lorsqu'ils sont sollicités. Figurent également des serveurs de bases de données. Ils stockent les informations issues du système d'informations à destination du site web mais également les échanges descendants du client vers le back-office. Les serveurs de bases de données sont indissociables des services web évolués (CMS, forum de discussion, création de pages dynamiques, gestion de compte utilisateur...).

Afin d'optimiser la réussite de son projet web, il conviendra de mettre en place au minimum trois serveurs. Le premier est appelé serveur de développement. Le deuxième, serveur de pré-production ou de recette, sera une copie conforme de l'environnement définitif qui permet de tester les développements livrés. Enfin le serveur de production est le serveur final sur lequel le site web est hébergé. Ce dernier n'est qu'un serveur de livraison, on recopie sur celui-ci le contenu validé du serveur de pré-production afin d'éviter tout incident.

5.2 Les moyens financiers

Un projet web, comme tout projet, nécessite une enveloppe budgétaire suffisante pour aboutir. Nous avons vu que des frais de licence et de mise en place de serveurs viennent grever le budget avant même que le projet commence. Ces coûts sont souvent sous-estimés ou tout simplement oubliés dans le budget du projet. Ces frais de structure identifiés, le chef de projet web, en fonction de sa façon d'appréhender le projet, estimera les ressources nécessaires ainsi que leur utilisation. Il faudra ajouter à ces frais, les coûts de la maintenance, une fois le projet abouti. Pour résumer, le coût d'un projet web doit englober :

Avant-projet	Frais de licence, de matériel informatique (postes utilisateurs et serveurs)
Projet	Ressources humaines (conduite de projet, développements, graphisme...)
Post-projet	Ressources humaines (maintenance, mises à jour...) et frais de licence

5.3 Les ressources humaines

Un projet web mobilisera plusieurs ressources humaines souvent de profils différents. Ces ressources pourront être utilisées simultanément ou à des phases précises du projet. Le chef de projet doit très tôt, en amont du projet, identifier clairement les profils nécessaires. Cette anticipation permet de mobiliser en interne les ressources et d'organiser les recrutements externes. Cette phase d'identification doit être la plus poussée possible afin de favoriser les choix entre le recrutement d'une ou des ressources et la sous-traitance. La dérive d'un projet web vient souvent du fait que la conduite de projet web n'est pas identifiée comme une tâche à part entière ou est sous-estimée. Il est important de considérer que la conduite de projet mobilise une ressource quasiment à plein temps. Il est fréquent de voir un projet dériver parce que le chef de projet qui a souvent également une double casquette de développeur est incapable de libérer du temps pour la gestion du projet à proprement parler.

6. Les contraintes d'un projet web

Il existe aujourd'hui plusieurs applications capables de générer des pages web ou des sites web, sans que l'utilisateur ait besoin de connaître la moindre ligne de code informatique. Les professionnels issus du monde de l'informatique applicatif génèrent également des sites web. Même si tous ces sites issus de mondes différents rentrent dans la grande famille des sites web, seuls quelques-uns respectent l'état de l'art pour la création d'un site web. Il faut d'abord lever les contraintes d'un projet web (compatibilité, accessibilité, reprise de l'existant...) avant d'afficher la moindre page sur la Toile. Le Web en général y gagnerait en qualité.

6.1 La compatibilité

Un site Internet doit être compatible avec le matériel cible des internautes. Nous entendons par matériel :

- Le système d'exploitation : qu'il soit installé sur un ordinateur ou dans un smartphone (Windows, Linux, Mac OS, Android...).
- La taille et la résolution d'écran : même s'il est impossible de prévoir la taille du moniteur de l'internaute ou la taille de la fenêtre du navigateur, il faut cibler la compatibilité sur des standards, définis par des taux d'équipement moyens.
- Le navigateur Internet : bien que la tendance soit à l'uniformisation, il existe encore quelques différences d'interprétation du code HTML entre les grands navigateurs populaires.
- Les plug-ins (greffons) et logiciels : afin d'être visibles, certains contenus nécessitent l'installation de plug-ins sur le poste de l'internaute. C'est le cas pour lire les fichiers PDF, les contenus en Flash...
- La connexion Internet : même si le haut débit s'est développé et popularisé, cette donnée a néanmoins son importance. Un internaute isolé à la campagne aura un débit inférieur à un internaute citadin équipé de fibre optique. La connexion Internet conditionne le temps d'affichage des éléments mis à disposition sur le site Internet.

6.2 L'accessibilité

Définie par des normes techniques établies par la WAI (*Web Accessibility Initiative*) du W3C (*World Wide Web Consortium*), l'accessibilité du Web a pour but de permettre aux handicapés, notamment visuels, d'utiliser Internet en toute liberté, en toute égalité. C'est un droit universel de la Convention relative aux droits des personnes handicapées adoptée par l'Organisation des Nations unies en 2006.

Bien que cette notion devrait être un critère incontournable pour un Web éthiquement équitable, très peu de projets web intègrent l'accessibilité dans leur cahier des charges.

Quand on sait qu'un site Internet accessible est confortable pour les personnes âgées présentant une déficience visuelle due au vieillissement et que cette population de "seniors" surfe de plus en plus et consomme, il est fort à parier que certaines directions commerciales ou générales décideront enfin de rendre obligatoire le critère d'accessibilité pour leur site Internet, pour des raisons économiques, à défaut d'éthique.

6.3 Les polices de caractères

Malheureusement, on ne peut pas choisir n'importe quelle police de caractères pour le texte du site Internet. Il faut en retenir une qui soit présente par défaut chez les internautes, sous peine d'avoir un résultat affiché chez l'internaute non conforme à celui initialement attendu. Si l'internaute ne possède pas la police de caractères présente sur le poste du développeur, une police de substitution la remplacera.

Il est préférable de s'en tenir aux polices standard présentes sur tous les postes, Mac ou PC.

Police	Empattement
Arial	Sans serif
Arial Black	Sans serif, forte graisse
Comic Sans MS	Police fantaisie, sans serif
Courier New	Chasse fixe

Police	Empattement
Georgia	Empattements simples
Impact	Sans serif
Symbol	Caractères grecs
Times New Roman	Empattements
Trebuchet MS	Sans serif
Verdana	Sans serif
Webdings	Icônes

Les membres du W3C planchent actuellement sur un format standard qui permettrait de personnaliser la police de caractères en l'intégrant dans la feuille de style avec la règle CSS 3 @font-face. Bien que ce format soit de plus en plus répandu, tous les navigateurs ne l'implémentent pas de la même façon pour le moment.

On devrait rapidement aboutir à une standardisation des polices intégrées au site web et à un support par tous les navigateurs. Restera comme problématique malgré tout que la plupart des polices disponibles sont protégées par le droit d'auteur et ne peuvent pas être redistribuées.

6.4 La durée de téléchargement

Au début des années 2000, la connexion moyenne était de 56 Kbit par seconde. Les créateurs de site web devaient obligatoirement intégrer la notion de poids des pages, de poids des images dans la création de site Internet. Cela demandait beaucoup de temps d'optimisation. L'objectif était de fluidifier l'affichage du site Internet.

Avec l'explosion des débits Internet, cette pratique a peu à peu disparu, à tel point que la notion de débit ou de durée de téléchargement n'apparaît même plus dans les cahiers des charges.

Or, les taux d'éligibilité à l'Internet haut débit sont très inégaux sur le territoire français. Les zones rurales sont les moins bien desservies. En effet, en raison d'une densité de population plus faible, l'éloignement moyen entre le domicile des abonnés et leur central téléphonique y est bien supérieur, ce qui pénalise d'autant plus les internautes.

L'état de l'art voudrait que chaque document (y compris les pages du site Internet) soit optimisé pour l'affichage sur Internet.

6.5 Les obligations réglementaires

Avant de mettre en ligne un site Internet, il est impératif de connaître les obligations réglementaires et légales qui régissent les sites Internet. Certaines obligations concernent tous les sites Internet, d'autres sont propres au statut ou au domaine d'activité de l'entreprise. Ces obligations, si elles ne sont pas respectées, peuvent entraîner de lourdes conséquences pénales et financières, sans parler de la perte de crédibilité et de l'image de marque.

Il faut a minima se conformer aux réglementations :

- Du dépôt de nom de domaine, que celui-ci soit régional ou générique.
- De la CNIL, en cas de collecte et d'utilisation des données personnelles des internautes.
- De la loi pour la confiance numérique (LCEN) du 21 juin 2004, pour être en conformité avec la réglementation française.
- Du code de la propriété intellectuelle pour l'ensemble des contenus et leurs présentations.
- Du droit à l'image, pour les photos publiées, même si l'on en est l'auteur.

6.6 La reprise de l'existant

Il y a 10 ans, ce point n'existait pas. Nous étions à la naissance des sites Internet, au point 0 de l'aventure. Pour la publication de ces nouveaux contenus, il fallait mettre en place une chaîne de production et de validation.

Aujourd'hui, en 2011, quasiment la totalité des entreprises possèdent un site Internet, en interconnexion avec leur Système d'Information. Une multitude d'informations est publiée sur Internet. De plus, les circuits de publication (workflow) de contenu sont intégrés dans le Système d'Information et dans l'organisation de l'entreprise.

Lorsque l'entreprise souhaite refondre son site Internet, il est fréquent qu'elle souhaite réutiliser ses contenus et maintenir à l'identique ses chaînes de production de l'information. Cette évidence, souvent négligée ou minimisée dans les projets web, si elle n'est pas intégrée en amont du projet, peut avoir des répercussions désastreuses sur la bonne exécution du projet, notamment sur les délais.

Il est primordial dans la phase d'analyse de lister tous les contenus qui devront être repris, d'identifier leur mode de production, leur format de stockage et de bien quantifier dans la phase projet la tâche de reprise de l'existant. La réussite de la refonte passera par la qualité de détail qui sera apportée à cette reprise de l'existant.

7. Les arbitrages d'un projet web

Tout projet, pour être réputé réussi, doit idéalement permettre de livrer ce qui a été défini, dans les délais annoncés, sans dépasser l'enveloppe budgétaire allouée et surtout avec un niveau de qualité optimal et vérifié.

Cette définition parfaite ne reflète toutefois pas tout à fait la réalité. Il est très fréquent que les projets, y compris web, dérivent. Parce qu'un projet est avant tout une association humaine, une projection et une estimation, il est difficile d'anticiper tous les aléas qui surviendront tout au long de la vie du projet.

Un projet web est une équation parfaite entre le délai, le coût et la qualité du projet. Lorsque le non-respect d'un des trois critères a un impact sur les autres, le chef de projet doit procéder à des arbitrages. C'est cette qualité d'arbitrage qui permet d'expliquer pourquoi le projet dérive et d'assumer pleinement cette dérive à partir du moment où des choix stratégiques la justifient.

Il est fréquent toutefois qu'un projet web ait une priorité absolue. Pour différentes raisons, un projet peut être conditionné soit par son coût, soit par son délai. Si le projet doit être livré rapidement, cela aura un coût conséquent, et inversement si l'enveloppe budgétaire n'est pas assez importante, les délais s'allongeront. L'arbitrage devra alors se porter sur la qualité du projet. Malheureusement, cette qualité qui mobilise des moyens financiers et du temps est rarement une priorité du projet.

7.1 Le coût

Il n'est pas toujours facile de déterminer avec précision le budget prévisionnel d'un projet web. Afin de faciliter cet exercice, il convient dans un premier temps de ne rien oublier et d'englober tous les coûts inhérents au projet web, y compris les coûts techniques et les coûts de formation. Pour les équipes mobilisées en interne, le coût n'est pas toujours exprimé en euros, il peut l'être en jours/homme.

Les principales lignes de coût sont :

- Les coûts techniques : achat des postes utilisateurs, licences, logiciels, hébergements, serveurs, maintenance technique...
- Les coûts de la conduite de projet : coût de la prestation du chef de projet, d'infrastructure, de déplacement, achat de jours d'expertise, accompagnement...
- Les coûts de développement : achat de prestations extérieures, frais de personnel des équipes internes mobilisées...
- Les coûts de formation : achat de jours de formation en externe ou en interne, mobilisation d'équipe.
- Les coûts de maintenance fonctionnelle : frais de personnel pour les mises à jour et le traitement des e-mails, frais de renouvellement de nom de domaine, frais de formation pour les nouveaux utilisateurs.

Il convient toutefois lors de cette estimation de faire ressortir les coûts récurrents qui perdureront après la mise en ligne du projet et les coûts qui disparaîtront après cette mise en ligne.

7.2 Le délai

C'est certainement la bête noire de tous les chefs de projet web. Il est malheureusement trop fréquent de constater que la qualité du travail d'un chef de projet repose sur le seul fait qu'il ait ou non livré un projet dans les délais annoncés.

La maîtrise du délai repose avant tout sur la qualité de l'estimation et la planification des charges. Un bon suivi de projet et des arbitrages intermédiaires permettent de procéder à des réajustements opportuns.

La détermination du chemin critique, le diagramme de Gantt et l'organigramme des tâches sont les outils de planification indispensables qui doivent éclairer le chef de projet dans sa tenue de délai.

Le chef de projet doit également anticiper les aléas occasionnés par le facteur humain (retard, absences...) en mettant en place une organisation adéquate.

7.3 La qualité

C'est souvent le parent pauvre des projets web. L'accent est souvent mis sur les coûts ou sur les délais, la qualité est relayée en second plan. Or un travail de bonne qualité a des effets non négligeables sur le coût et les délais de maintenance.

Le chef de projet doit très tôt identifier les normes de qualité qu'il souhaite imposer aux livrables de son projet. C'est lui qui les impose, c'est lui qui met en place les outils de suivi de cette qualité. Il doit nécessairement identifier les risques liés à une mauvaise qualité et mettre en place un référentiel des risques. Ce référentiel lui servira à déterminer lors de ses arbitrages si la qualité du livrable est acceptable pour respecter les délais ou si le livrable doit impérativement répondre à la norme d'exigence, même si cela se fait au détriment du délai.

La qualité porte également sur la conduite de projet. S'il veut suivre son projet au plus près et interagir sur le facteur délai, il doit imposer une rigueur qualitative sur les comptes rendus d'activité des intervenants du projet.

8. Le cadre d'un projet web

Le chef de projet a la responsabilité du cadre, ou périmètre du projet. Celui-ci correspond à l'interprétation des besoins du client. Cette étape est donc importante et constitue le point de départ du projet web. C'est sur la détermination de ce cadre que toute la suite du projet va s'étayer, que les analyses, les estimations de charges vont pouvoir s'organiser.

La note de cadrage est le premier document du projet web. Elle permet de décrire les enjeux du projet, le périmètre de l'application, son intégration dans le Système d'Information existant et le plan de développement du projet.

La note de cadrage décrit le contexte du projet. D'où part le client et ce qu'il souhaite au final. Elle décrit ensuite le rôle et les livrables attendus par le client. Validée par les deux parties, la note de cadrage définit le périmètre du projet et constitue un document de référence. Toute demande d'évolution non comprise dans ce périmètre remettra en cause les estimations de charges, les délais et les coûts du projet. Il conviendra alors de recadrer le projet ou de traiter ces demandes d'évolution dans un second temps, lors des maintenances évolutives par exemple.

9. Les causes de dérive d'un projet web

Comme beaucoup de projets informatiques, il est fréquent qu'un projet web dérive. Cette dérive se traduit essentiellement par un dépassement du calendrier initialement fixé. Quelques raisons peuvent expliquer cette dérive :

- La non-prise en compte de la charge gestion de projet : il est fréquent d'omettre ou de minimiser la charge que constitue la gestion de projet. Élaborer les plannings, organiser les réunions, rédiger les comptes rendus, manager les équipes sont autant de tâches chronophages qu'il est nécessaire d'estimer et d'insérer dans le planning du projet.
- Le manque de disponibilité du chef de projet : dans beaucoup d'entreprises, le chef de projet affiche deux casquettes, celle de chef de projet et celle de développeur. Il est alors fréquent que la tâche de développement empiète sur la tâche de gestion de projet.
- Le périmètre flottant du projet : lors de la phase de cadrage, si la maîtrise d'ouvrage (le client) a mal exprimé son besoin, ou si le chef de projet n'a pas cerné l'ensemble du périmètre projet, le cadre du projet s'élargit au fur et à mesure du projet. De nouvelles fonctionnalités viennent s'ajouter au cadre initial, compromettant au passage le planning initialement prévu.

"Errare humanum est, perseverare diabolicum." Un chef de projet inexpérimenté peut tout simplement mal cerner le projet, estimer les tâches approximativement et proposer un planning irréaliste.

10. La conduite d'un projet web

La conduite de projet web couvre le projet web dans son intégralité. Elle dure pendant toute la durée de vie du projet. L'objectif de la conduite de projet web est d'assurer la conformité du projet Internet avec les fonctionnalités demandées mais c'est aussi la maîtrise de tous les moyens mobilisés et un respect des délais et des budgets alloués. Cet exercice qui demande beaucoup de professionnalisme, d'analyse, de réactivité et de mobilisation apporte de l'excellence à celui qui le pratique.

La conduite de projet web est avant tout une aventure humaine. À chaque étape du projet, des ressources humaines sont mobilisées, des décisions sont prises, des choix sont faits. Certains conflits peuvent survenir et menacer le bon déroulement du projet. Il est important de veiller à entretenir un bon relationnel entre les acteurs et de capitaliser sur la notion d'équipe projet. Une conduite de projet web dénuée de tout management d'équipe est vouée à l'échec.

Le chef de projet web, hormis ses compétences professionnelles, doit avant tout présenter des qualités d'orateur, d'animateur, de fédérateur, de rassembleur, de chef d'équipe, de manager. Il est comme le capitaine d'une équipe de football, il est le porte-parole de l'équipe, son représentant, c'est le référent de l'équipe et qui plus est, il joue dans l'équipe. L'une des priorités du chef de projet est d'entretenir l'esprit d'équipe et le bien-être de son équipe, c'est le secret de la réussite.

11. Le cycle de vie d'un projet web

Une conduite de projet web suit une méthodologie bien rodée et un schéma bien précis, découpé en six phases successives :

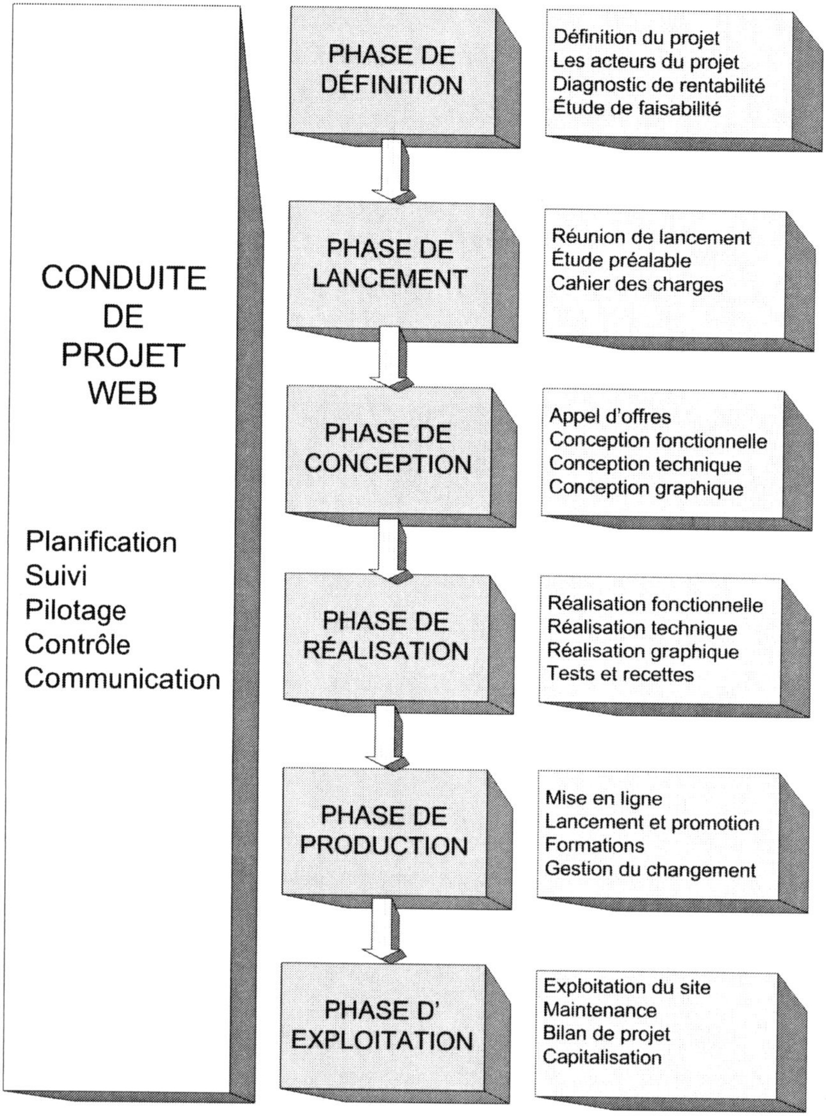

Chapitre 2
Les types et acteurs de projets web

1. Les grandes catégories de projets web

Dès lors qu'un projet a pour destination finale le réseau Internet, il est de fait un projet web. Mais chaque projet web a sa particularité. Qu'il soit à destination du grand public ou réservé aux collaborateurs d'une entreprise, chaque projet web doit répondre à une finalité propre.

Après l'ère du Web 1.0, durant laquelle les sites web mettaient du contenu à disposition des internautes passifs qui n'avaient que la consultation comme seule interaction avec le site web, nous sommes entrés dans le Web 2.0. Les sites web sont passés en mode lecture/écriture. L'utilisateur peut désormais poster ses propres contenus sur les sites web. Il devient acteur actif du Web. Les succès portés par Facebook ou YouTube montrent l'engouement des internautes pour ce Web 2.0.

On parle déjà d'un Web 3.0, qui sera l'apogée du Web sémantique et de la personnalisation, de la recherche intelligente et de la publicité comportementale, entre autres.

On dénombre aujourd'hui six grandes catégories de projets web : Internet, extranet, intranet, mobile, Web 2.0, Web 3.0.

1.1 Les projets de type Internet

Un site Internet est une collection de pages web liées entre elles qui contiennent du texte, des images, des vidéos ou autres données numériques. Un site Internet est hébergé sur un serveur web, il est accessible via le réseau Internet grâce à une adresse web connue, l'*Uniform Resource Locator* (URL). Tous les sites web accessibles au public constituent le World Wide Web.

Une page web est un document écrit en texte brut entrecoupé d'instructions de formatage dans un langage de balisage et d'hypertexte (HTML, XHTML). Une page web peut également incorporer des éléments provenant d'autres sites web.

Les pages web sont accessibles avec le protocole de transfert hypertexte (HTTP), qui peut éventuellement être crypté (HTTPS) pour assurer la sécurité et la confidentialité des données. L'utilisateur utilise un navigateur web, pour afficher le contenu de la page.

Le point d'entrée des sites web est généralement la page d'accueil. La hiérarchie du site s'établit à partir de celle-ci, même si les liens hypertextes permettent de naviguer en diagonale.

Certains sites web peuvent avoir une partie privée, nécessitant une inscription, afin de présenter du contenu privilégié ou des fonctionnalités particulières.

1.1.1 Les sites statiques

Un site statique est un site dont les pages web sont envoyées au navigateur web telles qu'elles sont stockées sur le serveur. Elles sont principalement codées en langage HTML. Les sites statiques ne nécessitent généralement pas de fréquentes mises à jour. Ils ne sont constitués que de quelques pages, plutôt destinées à de l'information institutionnelle.

Ces sites classiques, de type brochures, présentent des informations statiques à l'utilisateur. Il s'agit en général d'informations sur l'entreprise, ses produits et ses services sous forme de textes, photos ou animations.

Les mises à jour se font manuellement et nécessitent des compétences de base en conception de site web et des logiciels spécifiques.

On les édite en utilisant quatre grandes catégories de logiciels :

- Les éditeurs de texte (Notepad ou UltraEdit) permettent de manipuler directement le contenu et les balises dans le programme de l'éditeur.
- Les éditeurs WYSIWYG hors ligne, tels que Microsoft FrontPage et Adobe Dreamweaver, permettent d'éditer le site en utilisant une interface graphique et le code HTML est généré automatiquement par le logiciel éditeur.
- Les éditeurs WYSIWYG en ligne permettent de créer des supports de présentation, des pages web, des blogs, et autres documents.
- Les modèles basés sur les éditeurs, tels que RapidWeaver et iWeb, permettent aux utilisateurs de créer et charger rapidement les pages web sur un serveur web sans connaissances en HTML détaillées ; cela revient en général à choisir un modèle approprié à partir d'un catalogue et il suffit d'ajouter des images et du texte pour qu'il soit publié.

1.1.2 Les sites dynamiques

Un site web dynamique est un site sur lequel les contenus sont mis à jour fréquemment.

Les sites web dynamiques peuvent avoir deux types de contenus : le code et les objets multimédias (textes, images, vidéos, etc.). Le code est invisible, il travaille dans les coulisses. Les objets multimédias sont visibles.

Il existe deux types principaux de sites dynamiques.

Le premier type est une page web avec un code dynamique. Le code est construit dynamiquement à la volée en utilisant un langage de programmation au lieu du HTML statique. Elle rassemble certains blocs de code, ou des routines dans un format prédéfini afin de présenter au lecteur une page cohérente.

Elle interagit avec les utilisateurs sous diverses formes, notamment par la lecture des cookies, les variables de session, les variables côté serveur, etc., ou par une interaction directe (éléments de formulaire, survol de souris, etc.).

Le deuxième type est un site web avec du contenu dynamique affiché bien en vue. Le contenu variable est affiché dynamiquement à la volée et est basé sur certains critères, généralement en récupérant le contenu stocké dans une base de données.

Le contenu de la page web varie en fonction de certains critères, soit des règles prédéfinies soit des règles basées sur les saisies de l'utilisateur. Par exemple, un site web avec une base de données d'articles peut afficher uniquement les cinq derniers, ordonnés par date.

Le but principal d'un site web dynamique est l'automatisation de l'élaboration des pages publiées. Un site dynamique fonctionne plus efficacement, il est construit de manière plus structurée et est plus facile à entretenir, à actualiser et à faire évoluer. Il est beaucoup plus simple de construire un modèle et une base de données que de construire des centaines de pages web HTML statiques.

1.1.3 Les portails web

Un portail web est un site qui sert de point d'accès aux informations sur Internet. Il présente à l'utilisateur une page web unique qui rassemble des agrégats ou des contenus à partir d'un certain nombre d'autres systèmes ou serveurs.

Au-delà du moteur de recherche, le portail web propose d'autres services tels que le courrier électronique, des actualités, le cours des actions, des informations thématiques, ou des divertissements.

1.2 Les projets de type extranet

Un extranet est un site Internet dont l'accès est contrôlé. En règle générale, l'extranet est une façon de s'interconnecter avec un ensemble d'autres entreprises sélectionnées (*Business-to-Business*, B2B), à l'abri de tous les autres utilisateurs d'Internet, ou directement avec le consommateur (*Business-to-Customer*, B2C).

Le terme extranet est utilisé pour décrire la partie privée d'un site web. Les internautes peuvent y naviguer après s'être authentifiés. En règle générale, les données accessibles sont personnalisées et peuvent être sensibles (coordonnées bancaires, adresse, etc.).

Un extranet nécessite la sécurité du réseau. On utilise généralement le protocole sécurisé HTTPS, conditionné par l'utilisation de certificats d'authentification et le chiffrement crypté des données de connexion.

1.2.1 Les portails d'entreprise

Un portail d'entreprise fournit un point d'accès sécurisé sur un réseau privé virtuel (VPN), souvent sous la forme d'une interface web, aux salariés d'une entreprise. Ils peuvent alors, à distance, se connecter au réseau d'information de l'entreprise.

Les principales caractéristiques du portail d'entreprise sont :

- L'authentification unique (*Single Sign-On*, SSO) : avec cette propriété un utilisateur se connecte une fois et a accès à toutes les applications sans être invité à se connecter à nouveau pour accéder à chacune d'elles.
- L'intégration : il s'agit de réaliser une interconnexion entre divers composants et de les restituer dans une navigation intégrée.
- La fédération : l'intégration du contenu fourni par d'autres portails permet de procéder à des regroupements thématiques par exemple.
- La personnalisation : les utilisateurs peuvent personnaliser l'apparence de leur environnement.
- Le contrôle d'accès : le portail a la capacité de limiter l'accès à certains types de contenus à certains utilisateurs.
- Le moteur de recherche : il permet de rechercher du contenu.

1.3 Les projets de type intranet

Le terme intranet est utilisé par opposition à Internet. Alors que ce dernier est un réseau public, l'intranet est un réseau privé uniquement accessible au sein de l'entreprise.

Les intranets fournissent des outils et des applications pour faciliter le travail en groupe, par exemple pour mettre en ligne un annuaire sophistiqué de l'entreprise, suivre des ventes, optimiser la communication et la gestion de projet, etc.

En raison de l'étendue, de la variété de contenu et du nombre d'interfaces système, les intranets de nombreuses organisations sont beaucoup plus complexes que leurs sites web publics. La croissance rapide des intranets au sein des entreprises prouve qu'il s'agit d'un outil de gain de productivité incontournable.

1.3.1 Les portails intranet

La plupart des intranets sont devenus lourds et présentent une expérience utilisateur très fragmentée et confuse, sans consistance et avec peu de soutien à la navigation. Le portail intranet a pour but de corriger ce problème en présentant une passerelle unique pour toutes les informations d'entreprise et les services. Le gros avantage de cette présentation cohérente est que les utilisateurs ont besoin de moins de temps pour apprendre à utiliser l'environnement. Ils trouvent les informations plus facilement et rapidement. Ils se repèrent plus facilement sur le réseau et peuvent naviguer librement.

En intégrant des services, des points d'entrée pour les différentes applications de l'entreprise et en présentant des vues personnalisées, le portail permet à l'utilisateur de ne pas parcourir tout le réseau, rendant ainsi plus facile l'accomplissement de son travail.

Le portail intranet est un outil web qui peut permettre aux utilisateurs de créer leur site personnalisé en choisissant les informations qu'ils souhaitent voir afficher sur leur page d'accueil.

1.4 Les projets de type Web mobile

Le Web mobile se réfère à l'utilisation d'applications connectées à l'Internet depuis un terminal mobile (comme un téléphone de type smartphone) ou une tablette PC (connectée à un réseau sans fil ou en 3G).

Traditionnellement, l'accès au Web se fait par le biais de lignes fixes directement branchées sur Internet. Cependant, le Web est de plus en plus accessible par des appareils portables et sans fil. L'accès au Web mobile s'est accéléré avec l'explosion des ventes des smartphones, des ordinateurs portables et récemment des tablettes.

La particularité des sites mobiles est que le navigateur web peut accéder directement au matériel (accéléromètres, puce GPS, etc.) et utiliser ces données pour améliorer la vitesse et les capacités des applications.

En règle générale, lorsque l'utilisateur d'un smartphone saisit l'URL d'un site web, il est automatiquement redirigé de manière transparente vers le site web dédié aux mobiles. À partir de là, surfer avec son mobile devient naturel.

L'accès au web mobile souffre encore aujourd'hui de la fragmentation du marché – les systèmes d'exploitation et les navigateurs ne répondent pas encore à une norme unique – et de la petite taille des écrans des smartphones.

1.5 Les projets de type Web 2.0

Le terme Web 2.0 est associé à des applications web qui facilitent le partage de l'information. Un site Web 2.0 permet aux utilisateurs d'interagir et de collaborer les uns avec les autres dans un média social. L'utilisateur devient créateur du contenu généré dans une communauté virtuelle, alors que sur des sites web de type 1.0, les utilisateurs sont limités à la visualisation passive de contenu qui a été créé pour eux.

Parmi ces sites figurent les sites de réseaux sociaux, les blogs, les wikis, le partage de vidéos, les services hébergés, les applications web, les mashups, etc.

Bien que le terme suggère une nouvelle version d'Internet, il ne renvoie pas à une mise à jour de toutes les solutions techniques, il s'agit plutôt d'une nouvelle utilisation des internautes, qui influence de fait tous les acteurs du Web.

Pour l'inventeur du Web, Tim Berners-Lee, il s'agit plus précisément du "Read / Write Web".

La partie la plus importante du Web 2.0 est le web social. C'est un changement fondamental dans la façon dont les gens communiquent. Le web social est constitué d'un certain nombre d'outils en ligne et de plates-formes où les gens partagent leurs points de vue, des opinions, des idées et des expériences. Les applications Web 2.0 ont tendance à interagir beaucoup plus avec l'utilisateur final. L'utilisateur final n'est pas seulement un utilisateur de l'application, mais aussi un participant.

Blogs, wikis et RSS sont souvent considérés comme des manifestations exemplaires du Web 2.0. Un lecteur de blog ou de wiki est fourni avec des outils pour que l'utilisateur puisse ajouter un commentaire, ou même, dans le cas du wiki, modifier le contenu.

Pour les commerçants, le Web 2.0 offre une occasion de faire participer les consommateurs. Un nombre croissant de spécialistes du marketing utilisent les outils Web 2.0 pour collaborer avec les consommateurs sur le développement de produits, l'amélioration des services et de la promotion.

L'utilisation des médias du Web 2.0 est en nette augmentation dans les entreprises. Beaucoup de grandes entreprises utilisent ces réseaux sociaux pour fidéliser leurs clients.

Les petites entreprises peuvent désormais concurrencer les grandes en utilisant les stratégies du marketing Web 2.0. Les réseaux sociaux sont devenus plus intuitifs et plus conviviaux pour fournir l'information qui est facilement accessible à l'utilisateur. Il est fréquent désormais que de grandes marques offrent des bons de réduction sur le réseau Twitter par exemple.

1.6 Vers des projets de type Web 3.0

Le Web 3.0 est un Web sémantique, autrement dit un web de données qui permet aux machines de comprendre la sémantique (la signification) de l'information sur Internet.

Actuellement, les moteurs de recherche ne comprennent pas les requêtes des internautes. Ils recherchent les pages dans lesquelles apparaissent les mots-clés mais ne peuvent garantir qu'elles répondent vraiment aux demandes. Le Web sémantique sera capable de comprendre les requêtes en langage naturel, d'interpréter leur contexte, et de retourner des résultats pertinents basés sur l'analyse des contenus. Face à l'explosion des pages web, les moteurs de recherche d'aujourd'hui ne peuvent plus garantir que le contenu renvoyé est pertinent vis-à-vis du mot-clé saisi. Demain, par exemple, il suffira de saisir le mot-clé "déjeuner" pour que le moteur de recherche, tenant compte des goûts gastronomiques de l'internaute, de sa situation géographique, de l'heure qu'il est, propose une liste restreinte mais pertinente de restaurants appropriés.

À l'heure actuelle, ce Web intelligent n'en est qu'aux premiers balbutiements, même si certains moteurs de recherche (Google par exemple) ont déjà introduit les techniques sémantiques. Si on ajoute aux données brutes du Web une couche de signification pertinente conformément à un référentiel, les ordinateurs pourront dialoguer entre eux.

Le W3C supervise l'élaboration des normes proposées par le Web sémantique. Il définit le Web sémantique comme un web de données qui peuvent être traitées directement et indirectement par les machines.

Beaucoup des technologies proposées par le W3C existent déjà et sont utilisées dans différents contextes, en particulier dans des domaines limités et définis, où le partage des données est une nécessité commune, tels que la recherche scientifique ou l'échange de données entre les entreprises. Cependant, le Web sémantique comme prévu initialement est resté largement inexploité et ses détracteurs ont mis en doute sa faisabilité.

Certains voient déjà le Web 3.0 comme une ère où l'ordinateur génère de nouvelles informations, à la place des humains.

Si on garde à l'esprit que la transition du Web 1.0 vers le Web 2.0 a pris plus de 10 ans, la transition vers le Web 3.0 ne devrait pas se faire avant 2016.

2. Les acteurs d'un projet web

Un projet web est avant tout un projet humain. De la qualité de l'équipe projet dépendront celle de la conduite de projet et celle du projet en lui-même. Il est important de bien identifier, avant le lancement du projet, quels seront les acteurs, leurs rôles, leurs responsabilités et de bien communiquer ces éléments à l'ensemble de l'équipe. Il s'agit de faire valider cette organisation par l'ensemble des intervenants de la hiérarchie avant de commencer quoi que ce soit.

2.1 La maîtrise d'ouvrage (MOA)

La maîtrise d'ouvrage est l'entité qui initie le besoin, qui définit l'objectif du projet, son budget et son calendrier. Elle attribue les ressources nécessaires à la bonne réalisation et teste les livrables pour assurer leur conformité. La maîtrise d'ouvrage représente les utilisateurs finaux du site web.

La maîtrise d'ouvrage n'a pas les compétences techniques liées à la réalisation du projet, elle est généralement issue du monde métier de l'entreprise. C'est elle qui a les pleins pouvoirs sur le projet et la responsabilité de l'exécution ou de l'arrêt du projet.

Les principales responsabilités de la maîtrise d'ouvrage sont :

- Donner les orientations sur la vision globale et une stratégie en termes de projet.
- S'assurer que les objectifs du projet restent en phase avec les besoins de l'entreprise.

- Identifier le gestionnaire du projet et nommer l'équipe projet.
- Superviser le processus projet, les procédures, et le suivi budgétaire.
- Réagir proactivement sur les risques potentiels.
- Veiller à ce que le projet dispose des ressources nécessaires.
- Aider à éliminer les conflits de ressources.
- Gérer les bénéfices du projet (après l'achèvement du projet).

La maîtrise d'ouvrage nomme un chef de projet fonctionnel Web pour conduire le projet et lui rendre compte, il peut s'agir d'un membre compétent de l'entreprise ou d'un consultant.

2.1.1 La maîtrise d'ouvrage stratégique (MOAS)

Comme présenté précédemment, la maîtrise d'ouvrage représente le pôle métier de l'entreprise. À ce titre, elle émane souvent de directions ou de services de l'entreprise et non directement de la direction générale.

Le dirigeant de l'entreprise ou la direction générale est dans ce cas la maîtrise d'ouvrage stratégique du projet et est responsable pour :

- prendre les décisions importantes concernant la maîtrise d'ouvrage ;
- procéder aux arbitrages du projet ;
- signer le contrat avec la maîtrise d'œuvre ;
- présider le comité de pilotage du projet.

La maîtrise d'ouvrage stratégique a la responsabilité de l'entreprise et de l'inscription du projet dans une stratégie d'entreprise. Comme elle n'est pas toujours experte dans les domaines informatiques ou d'Internet, elle peut avoir recours à une maîtrise d'ouvrage déléguée (AMOA), qui l'assistera dans le domaine concerné.

Forte des recommandations ou préconisations de l'AMOA, la maîtrise d'ouvrage stratégique fera les arbitrages nécessaires, notamment pour le choix de solutions informatiques.

2.1.2 La maîtrise d'ouvrage déléguée (AMOA)

Lorsque la maîtrise d'ouvrage n'est pas experte ou n'est pas disponible pour le pilotage du projet web, elle fait appel à une maîtrise d'ouvrage déléguée appelée aussi assistance à maîtrise d'ouvrage "AMOA".

La mission de cette maîtrise d'ouvrage déléguée est de :

- Faire l'interface entre la maîtrise d'œuvre et la maîtrise d'ouvrage.
- Assister la MOA dans la définition de ses besoins.
- Formaliser l'expression des besoins sous forme de cahier des charges ou de spécifications fonctionnelles détaillées.
- Conduire le projet, réaliser la planification du projet.
- Organiser la recette du site web.
- Accompagner la MOA dans la réalisation du projet web.

La maîtrise d'ouvrage déléguée n'a pas de responsabilité directe avec le maître d'œuvre, elle rend compte à la MOA qui prend les décisions.

Cette assistance est souvent confiée à un consultant en maîtrise d'ouvrage Web qui officie comme chef de projet fonctionnel Web. Cette assistance peut également être ponctuelle et s'effectuer sous forme d'audits et de préconisations ou de missions d'accompagnement au changement, de formations, etc.

2.2 La maîtrise d'œuvre (MOE)

La maîtrise d'œuvre est l'acteur qui a en charge la réalisation du site web commandité par la MOA en respectant les conditions fonctionnelles, calendaires, qualitatives et budgétaires du projet. Elle est liée à la maîtrise d'ouvrage par contrat.

Partant des exigences du projet, elle élabore des solutions lors de la phase de conception avant de procéder à la réalisation de celles-ci après validation par la maîtrise d'ouvrage. La maîtrise d'œuvre regroupe tous les acteurs, qu'ils soient orientés graphisme ou développement. Cette maîtrise d'œuvre est d'ailleurs souvent composée de plusieurs acteurs, pas toujours de la même société.

En règle générale, la maîtrise d'œuvre nomme un chef de projet technique Web, qui est le pendant au chef de projet fonctionnel Web avec lequel il travaille en étroite collaboration. Il se charge de la conduite opérationnelle du projet web et doit avoir de solides connaissances des outils et des pratiques liées au Web et des systèmes d'information.

Partant du cahier des charges fonctionnel, il a en charge la rédaction du cahier des charges technique.

2.2.1 La sous-traitance

Il est fréquent que la maîtrise d'œuvre ne dispose pas de toutes les ressources nécessaires en interne pour réaliser le site web. Il est rare qu'un prestataire puisse réaliser les phases graphiques et les phases de développement. Souvent, il s'agit de deux prestataires distincts. Dans ce cas, la maîtrise d'œuvre a recours à de la sous-traitance. Il s'agit pour elle de confier certains lots à des prestataires extérieurs. Ces derniers n'ont aucun lien avec la maîtrise d'ouvrage. La qualité, la confidentialité et le respect des délais de ces prestataires relèvent de la seule responsabilité de la maîtrise d'œuvre.

2.3 La maîtrise d'usage (MUE)

La notion de maîtrise d'usage confirme la place centrale dévolue à l'utilisateur dans la réalisation de tout site web. La maîtrise d'usage est une des composantes essentielles de tout projet, au même titre que la maîtrise d'ouvrage en charge de la conception et de la maîtrise d'œuvre responsable de son développement.

L'important n'est plus tant la puissance de l'outil informatique lui-même que les usages, les pratiques, les procédures internes ainsi que le management qui lui donne son efficience.

La maîtrise d'usage, bien qu'elle ne soit pas obligatoire, est fortement conseillée lorsque l'utilisateur final n'est pas le propriétaire du site web. Lorsque l'on constate, notamment en Web 2.0, avec quelle rapidité les utilisateurs s'approprient les réseaux sociaux jusqu'à les façonner en fonction de leurs besoins, on comprend qu'il est désormais impossible d'imposer un site web sans tenir compte de leurs avis.

Le management des projets web est désormais articulé autour du trio gagnant : MOA, MOE et MUE. La MUE agissant aux côtés de la MOA est conviée aux réunions de projet et consultée à chaque phase du projet.

Certaines grandes entreprises qui ont pris conscience de l'importance de cette maîtrise d'usage dans leurs propres projets web n'hésitent plus à convier les utilisateurs finaux dans les phases d'analyse et de conception de leurs futures applications web.

C'est le cas notamment du Crédit Agricole d'Île-de-France, qui a lancé son Alpha Projet en janvier 2011.

L'objectif est de proposer à des clients de co-construire la relation bancaire de demain. L'Alpha Projet, qui couvre l'ensemble des moyens de communication, invite ses clients à concevoir les fonctionnalités de ses services de demain (dont les sites web) dans le cadre d'ateliers. Ceux-ci, réalisés au sein d'une agence réelle, sont composés de clients volontaires. À travers un débat animé autour d'une thématique précise, les clients vont pouvoir s'exprimer sur leur ressenti, leurs habitudes de consommation, leurs attentes, leurs équipements, leurs besoins. Le Crédit Agricole d'Île-de-France associe les travaux de cette maîtrise d'usage aux stratégies de la maîtrise d'ouvrage pour réaliser la solution finale la plus adaptée. Chaque fonctionnalité ne sera déployée qu'après recette positive de la part de cette maîtrise d'usage. Au-delà d'un objectif de fidélisation de sa clientèle, le Crédit Agricole d'Île-de-France a pris conscience avant tout le monde que la bataille concurrentielle de demain se jouera sur le terrain des utilisateurs finaux.

D'ailleurs, le Crédit Agricole a l'ambition d'aller plus loin en faisant notamment de son site web un portail commun client/conseiller. L'objectif est ainsi de permettre aux clients et aux conseillers des agences de dessiner une nouvelle relation de proximité 2.0, plus moderne, plus facile et plus personnalisée.

L'initiative mérite d'être citée car elle démontre que maintenant les grandes institutions ont pris conscience que la maîtrise d'usage est un acteur déterminant dans la réussite de tout projet web.

Gageons que cette démarche se généralisera dans les futures années, pour le plus grand bien des utilisateurs finaux.

2.4 Les relations entre maîtrise d'ouvrage et maîtrise d'œuvre

Bien souvent, surtout lorsque la maîtrise d'ouvrage et la maîtrise d'œuvre font partie de l'entreprise, la distinction entre les deux acteurs n'est pas très claire. Or, il est essentiel qu'une barrière soit dressée et que les responsabilités des deux entités soient effectives et clairement définies.

La maîtrise d'ouvrage doit garder la responsabilité entière de la définition des besoins, ce n'est pas parce qu'elle est techniquement incompétente qu'elle doit déléguer à la maîtrise d'œuvre les choix de solutions au détriment des besoins fonctionnels. Il est malheureusement fréquent, notamment dans les grandes entreprises, que le service informatique (qui au départ est maîtrise d'œuvre) pilote le projet en imposant une solution technique qui lui convienne mieux.

Ce sont alors les fonctionnalités qui s'adaptent à la solution retenue et non l'inverse.

La maîtrise d'ouvrage est porteuse des besoins des utilisateurs, c'est elle qui est porteuse du projet. La maîtrise d'œuvre doit proposer la solution qui convient le mieux à ces besoins. Les conflits dans lesquels chaque camp rejette la faute sur l'autre proviennent essentiellement de cette absence de séparation des rôles ou de la mauvaise définition des rôles de chacun. Lors de la phase de définition, il est nécessaire de bien formaliser dans le document la distinction des rôles, d'autant plus si les deux entités appartiennent à la même entreprise.

Si chaque entité a défini des chefs de projets respectifs, il leur incombe de bien faire respecter cette distinction, en référence au document contractuel.

Pour une parfaite entente, et dans l'intérêt du projet, il est nécessaire que les chefs de projets (fonctionnel et technique) adoptent un langage commun et une méthodologie commune pour la conduite du projet. C'est sur leurs épaules que repose la réussite du projet web.

La définition du rôle de chacun et de ses responsabilités associée à une bonne communication pour désamorcer les conflits sont les facteurs clés de la réussite.

2.5 L'organisation du projet

La mise en œuvre du projet web engendre la mobilisation d'hommes et de ressources pour une durée déterminée. Il est donc nécessaire de mettre en place une organisation spécifique au sein de l'entreprise.

L'approche la plus adaptée est le management par projet, ce qui veut dire hors hiérarchie. En effet, le chef de projet web fait collaborer des intervenants spécialistes de l'entreprise rattachés au projet et des intervenants extérieurs sans qu'il existe de niveau hiérarchique entre eux. Le projet web est un assemblage de compétences pour une durée déterminée sous la gouvernance du chef de projet web, c'est lui le patron.

La première difficulté lorsque l'on passe d'une organisation classique à une organisation par projet vient du fait que certains responsables techniques ou fonctionnels perçoivent cela comme une perte de pouvoir ou d'autorité.

L'élément clé est donc de bien identifier les différents acteurs qui vont être concernés par le projet et de les associer très tôt dans la mise en place de l'organisation du projet.

Le schéma idéal qui consiste à séparer les rôles entre la maîtrise d'ouvrage qui sait exactement ce qu'elle veut et la maîtrise d'œuvre qui ne s'en tient qu'à la réalisation n'existe que très rarement dans les entreprises.

En réalité, la maîtrise d'ouvrage a souvent du mal à formaliser ses besoins. Ceux-ci se précisent au fur et à mesure des interactions avec la maîtrise d'œuvre. Le chef de projet web doit régulièrement questionner la maîtrise d'ouvrage pour suivre et calibrer l'évolution de ses besoins et s'assurer que la maîtrise d'œuvre n'outrepasse pas trop son rôle en imposant des solutions techniques qui l'arrangent.

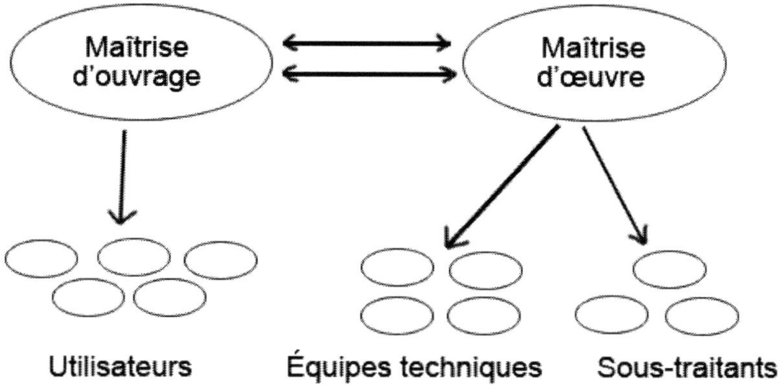

Équipes techniques

2.5.1 Le comité de pilotage

Mis en place lors de la phase de lancement du projet, le comité de pilotage joue un rôle prépondérant dans le projet web. Il se compose de la maîtrise d'ouvrage, des différents intervenants et du chef de projet web.

Ce comité de pilotage se réunit tous les mois ou sur demande si le projet le nécessite. Le chef de projet web est chargé de rédiger l'ordre du jour et le compte rendu de cette réunion. Il veillera particulièrement à faire parvenir le compte rendu dans les deux jours qui suivent la réunion, c'est impératif pour ne pas pénaliser la dynamique du projet. Les décisions prises lors de ce comité de pilotage doivent rapidement être communiquées à l'équipe projet.

Les principales responsabilités du comité de pilotage sont :

– S'assurer que les projets restent en phase avec les objectifs de l'entreprise.
– Indiquer la direction stratégique du projet.
– Garder la priorité du client et les besoins des entreprises.
– Veiller à ce que l'impact environnemental soit bien pris en compte (internes et externes).
– Prendre les décisions pour résoudre les problèmes qui remettent en cause les enjeux du projet.
– Veiller à ce que le projet dispose de ressources suffisantes pour réussir à atteindre ses objectifs.
– Approuver les modifications.

2.5.2 Le comité de suivi

Le comité de suivi permet d'effectuer un suivi opérationnel régulier du projet. Il est composé des responsables opérationnels du projet : le chef de projet MOE, le chef de projet MOA, les différents intervenants. Il est impératif de ne pas convier l'ensemble des intervenants du projet, seuls certains intervenants significatifs y assistent.

Le comité de suivi se réunit idéalement toutes les semaines. Cette réunion doit être courte et aborder les points de façon factuelle. Les points de blocage rencontrés dans le projet sont remontés au comité de pilotage pour résolution, qui peut être destinataire du compte rendu communiqué sous deux jours. Lors de cette réunion, les principaux points à aborder sont :

– L'avancement du projet : il peut par exemple se matérialiser en pourcentage temps (temps passé/temps estimé) ou en pourcentage tâches (tâches réalisées/tâches prévues) ou les deux.
– La liste des tâches : on recense celles réalisées durant la semaine et on planifie celles qui seront à réaliser durant les deux prochaines semaines.
– Le point sur les livrables du projet : c'est très important. Il est nécessaire d'avoir en ligne de mire les livrables du projet. Il faut rappeler les livrables attendus et faire un point régulier sur leur état d'avancement.
– Le suivi des actions en cours et les difficultés rencontrées (s'il y en a).

2.6 Le chef de projet web

Le chef de projet est l'acteur central du projet web. Il est nommé par la maîtrise d'ouvrage dès la phase de définition du projet. Il est le coordinateur de la mise en œuvre du projet et le garant de sa bonne exécution. C'est un acteur polyvalent qui doit avoir autant de qualités que le mouton à cinq pattes.

2.6.1 La mission du chef de projet web

La mission du chef de projet est assez complexe. Il est responsable du projet web autant dans le succès que dans l'échec. La liste des tâches qui lui sont confiées est assez complète, il doit notamment :

- Identifier les parties prenantes du projet : obtenir l'adhésion, gérer la relation avec les intervenants ou des clients (en collaboration avec la MOA).
- Guider et gérer l'équipe projet : sélectionner les acteurs du projet en collaboration avec la maîtrise d'ouvrage, déterminer le rôle et les responsabilités de chaque membre de l'équipe, s'imposer comme chef d'équipe.
- Gérer le projet : définir le projet, identifier et gérer les risques, gérer le plan de communication, allouer et obtenir des ressources, surveiller l'avancement du projet, informer sur l'avancement du projet, résoudre les problèmes qui interfèrent avec l'avancement du projet, gérer les changements, contrôler les coûts, mettre en ligne les livrables du projet, atteindre les standards de qualité attendus, respecter les délais annoncés.

2.6.2 Les qualités du chef de projet web

Pour réussir sa mission, le chef de projet doit posséder une palette de qualités qui seront garantes de son succès, parmi lesquelles notamment :

- Avoir une aisance dans la négociation de solutions gagnant-gagnant entre les acteurs.
- Comprendre les besoins de l'organisation des intervenants et en tenir compte dans la prise de décision.
- Présenter des alternatives face à un problème et assumer ses choix.
- Rester calme en particulier en période de turbulences.
- Éviter les préjugés envers tout membre de l'équipe ou l'organisation.
- Posséder un esprit d'analyse et de la pédagogie pour expliquer clairement les attentes de chaque intervenant.

- S'exprimer clairement, communiquer régulièrement.
- Gagner le respect des équipes indépendamment des liens hiérarchiques.
- Assumer ses responsabilités de résultat et ne pas rejeter le blâme sur autrui quand les choses ne vont pas bien.
- Être rigoureux sur la tenue des réunions, des plannings, des planifications et du suivi du projet.

2.6.3 Les compétences du chef de projet

Au-delà des qualités propres au caractère du chef de projet, celui-ci doit quand même présenter un minimum de compétences, qu'elles soient organisationnelles, fonctionnelles ou techniques.

Compétences organisationnelles

Le chef de projet doit être capable :

- D'écouter.
- De négocier lorsqu'il a besoin de demander des ressources, des budgets supplémentaires, des informations, etc.
- De réaliser un planning cohérent, compris de tous.
- De terminer un projet et de maintenir les équipes concentrées sur l'objectif final.
- De détecter les conflits, quand quelque chose ne fonctionne pas mais également quand les choses fonctionnent bien. Il n'a pas à être l'ami de tous.
- De gérer l'ambiguïté et de prendre des décisions.
- De gérer les détails : de la qualité du détail dépend la qualité de l'ouvrage.

Compétences fonctionnelles

Le chef de projet web doit également être un expert dans :

- La conduite de projet web
- La planification de projet
- L'estimation des tâches
- La gestion des risques

Compétences techniques

Le chef de projet n'a pas besoin de connaître parfaitement toutes les technologies qui seront utilisées pour le projet web. Mais comme les techniciens n'ont confiance qu'en ceux qui parlent le même langage qu'eux, il est préférable qu'il ait quand même un minimum de connaissances de la technologie. Tout du moins une approche fonctionnelle de celle-ci.

Les compétences techniques, même si elles sont souvent mises en avant dans le recrutement d'un chef de projet web, ne sont pas les plus importantes. La valeur ajoutée et les critères de choix pour un chef de projet web doivent d'abord se porter sur les autres compétences (organisationnelle et fonctionnelle).

2.6.4 La bonne attitude du chef de projet web

Avoir des qualités et des compétences ne suffit pas à faire un bon chef de projet web. En effet celui-ci se doit d'adopter la bonne attitude, celle qui fait qu'un chef de projet est respecté par ses équipes et sa direction. Le chef de projet est libre de choisir ses actions, mais ne maîtrise pas leurs conséquences. Voici quelques fondamentaux :

- Écouter efficacement et attentivement : réfléchir avant de parler. Faire en sorte que la personne à qui l'on s'adresse sente que l'on est concentré sur elle.
- Féliciter quelqu'un qui a effectué un bon travail.
- Adopter une attitude positive, ne pas être négatif : les gens négatifs tuent la créativité de l'équipe. Ne pas hésiter, si possible, à écarter de l'équipe les membres négatifs.
- Avoir un bon équilibre entre travail et vie privée : il faut respecter les horaires de bureau, ceux du chef de projet web comme ceux des équipes.
- Être honnête et de bonne foi : toute intention cachée finit par éclater au grand jour à un moment ou un autre mais jamais au bon moment.
- Accepter d'admettre publiquement ses échecs : il n'y a rien de plus pathétique que la personne qui n'admet jamais une erreur.
- Parler du problème et non de la personne : il ne faut pas personnaliser les problèmes, qu'il s'agisse de ceux d'une personne ou d'un groupe. Il faut se concentrer uniquement sur le problème.
- Être confiant dans la délégation, mais vérifier quand même.

- Être intègre : les potins sont néfastes pour le projet et pour l'entreprise, il ne faut jamais participer à cet exercice et l'exclure de l'équipe.
- Savoir utiliser l'empathie : lorsqu'il faut traiter les questions délicates, il faut savoir pratiquer l'écoute empathique. Être sympathique est une forme d'accord et ne permet pas de résoudre les conflits.
- Diagnostiquer avant de prescrire : il faut d'abord faire accepter le diagnostic si l'on veut que l'équipe ait confiance dans la prescription.
- Tenir ses engagements et ses promesses : fondamental mais malheureusement pas toujours appliqué.

2.7 Les métiers d'Internet

En dix ans, le secteur du Web s'est structuré. Fini le temps des touche-à-tout qui occupaient tour à tour les fonctions de développeur et de graphiste. De nouveaux métiers sont apparus, la branche s'est organisée, Internet s'est professionnalisé, les métiers se sont spécialisés.

Le ministère de l'Enseignement supérieur et de la Recherche vient même de publier le portail des métiers d'Internet qui sert de référentiel. Il est accessible à l'adresse http://www.metiers.internet.gouv.fr.

Voici une liste non exhaustive des principaux métiers qui seront mobilisés durant la conduite de projet web.

- Les métiers du développement et des technologies

Intitulé	Principale fonction du poste	Rattachement		
		MOA	MOE	MUE
Développeur web	Développements des fonctionnalités du site web		X	
Développeur multimédia	Développements des produits et services multimédias du site web		X	
Intégrateur web	Intégration des pages en HTML/CSS, XHTML		X	

Intitulé	Principale fonction du poste	Rattachement		
		MOA	MOE	MUE
Administrateur de bases de données	Responsable des bases de données, administration, sécurité, maintenance		X	
Architecte web	Mise en place de l'architecture technique		X	
Développeur web mobile	Développements des fonctionnalités du site web mobile		X	

– Les métiers du design graphique et des contenus

Intitulé	Principale fonction du poste	Rattachement		
		MOA	MOE	MUE
Rédacteur web	Rédaction des articles, communiqués, informations du site web	X		
Responsable éditorial	Responsable de la ligne éditoriale et des contenus	X		
Webdesigner	Responsable de conception graphique du site	X		
Designer Flash	Designer spécialisé dans les technologies Flash	X		
Illustrateur 3D	Designer spécialisé dans les animations 2D et 3D	X		
Ergonome web	Responsable de l'ergonomie du site web			X
Webmaster	Responsable de l'animation du site web	X		

– Les métiers du business et de la gestion de projet

Intitulé	Principale fonction du poste	Rattachement		
		MOA	MOE	MUE
e-marketeur	Élaborer la stratégie commerciale et marketing sur Internet	X		
Community manager	Fédérer une communauté d'internautes autour d'un centre d'intérêt	X		
Chef de projet technique web	Conduite opérationnelle du projet web		X	
Chef de projet fonctionnel web	Conduite fonctionnelle du projet web	X		
Chef de projet web mobile	Conduite opérationnelle des projets web mobile		X	
Juriste Internet	Application des lois, propriété intellectuelle	X		
Responsable SEO	Responsable du référencement du site	X		

La demande croissante en recrutement de spécialistes du Web émanant de l'économie numérique est telle qu'à la rentrée de septembre 2011, pas moins de quatre nouvelles écoles de commerce centrées exclusivement sur les métiers d'Internet ouvriront leurs portes.

– EEMI (*École Européenne des Métiers de l'Internet*) : école lancée par trois poids lourds de l'économie numérique (Jacques-Antoine Granjon, fondateur de vente-privée.com, Marc Simoncini, créateur de Meetic, et Xavier Niel, patron de Free). Le cursus est un bac +3 très professionnalisant. Plus d'informations sur http://www.eemi.com/.

– Le bachelor de TEM (*Télécom École de Management*) : petite sœur de la grande école TEM. Elle prépare à un bachelor (bac +3) en management des technologies.
  Plus d'informations sur : http://www.telecom-em.eu/node/bachelor.

- L'ESCEN (*École Supérieure de Commerce et d'Économie Numérique*) : outre un bachelor en 3 ans, l'école propose aussi des masters 1 et 2 orientés e-commerce, e-business et communication web. Plus d'informations sur : http://www.escen.fr/.
- Sup Internet : cette école prépare à un bac +3 avec trois filières distinctes à choisir dès la première année (développement et technologies, design graphique ou business). Plus d'informations sur http://www.supinternet.fr/.

Chapitre 3
La phase de définition

1. L'objectif

Lorsque l'entreprise a inscrit dans sa stratégie un projet web, avant de se lancer dans la réalisation il convient de bien définir ce projet. Un projet web n'est pas anodin. Il répond à une attente ou un besoin précis. Ce projet aura obligatoirement des répercussions sur l'organisation de l'entreprise, sur son image de marque, sur son environnement concurrentiel. Cette phase de définition, qui est également une phase de préparation ou d'initialisation du projet web, est la première étape vers la réalisation du projet. Cette phase s'effectue en interne dans l'entreprise. L'objectif est de savoir si le projet est réalisable et dans quelles conditions.

Durant cette phase, les besoins sont recueillis, le budget et le planning sont évalués avec précision, une équipe projet est proposée. La fin de la phase de définition est matérialisée par l'étude de faisabilité. Ce document sera remis à la direction générale afin qu'elle ait en main tous les éléments nécessaires pour étayer sa décision de réaliser ou de ne pas réaliser le projet. Si la décision de réaliser le projet est retenue, une note de lancement sera rédigée, elle officialisera la phase de lancement du projet.

2. La définition du projet

Les commanditaires du projet web au sein de l'entreprise sont rarement des professionnels du Web. Ce sont des spécialistes dans leurs métiers. Il revient donc au chef de projet web de bien cerner ce que l'entreprise attend réellement du projet web. À ce stade du projet, il n'est pas encore question de spécifications fonctionnelles détaillées. Le chef de projet devra décrire les grandes lignes du projet.

2.1 Les besoins et les attentes

On ne démarre jamais un projet web sans raison, il y a au minimum un besoin et une attente qui sont à l'origine du projet. Il est important de bien identifier ce que l'entreprise attend vraiment de son site web.

Au sein de l'entreprise, il existe trois grands acteurs à ne pas négliger : les instances dirigeantes, les contributeurs (ceux qui vont faire vivre le site web) et les utilisateurs (les internautes cibles). Oublier les aspirations d'un acteur voue le projet web à l'échec. Il faut intégrer ces trois acteurs dans le processus de recueil des besoins. Leurs besoins étant souvent très différents, il est déconseillé d'organiser des tables rondes regroupant ces trois acteurs.

Les instances de direction de l'entreprise mettront l'accent sur des besoins et des attentes liés à la stratégie de l'entreprise. Chacune des directions aura ses propres besoins et ses propres attentes en fonction de ses propres objectifs. Les directions les plus concernées sont souvent la direction générale, la direction de la communication, la direction commerciale (et marketing) et la direction informatique.

Les contributeurs du site mettront quant à eux l'accent sur les fonctionnalités de mise à jour du site web et l'organisation à mettre en place. L'exercice est optimisé lorsque ces utilisateurs ont déjà une première expérience de publication web.

Enfin, pour les internautes, leurs besoins et attentes varieront en fonction de la cible retenue dans le plan stratégique.

Pour le recueil des besoins, il est préférable d'organiser des tables rondes plutôt qu'une collecte par e-mail. Il est plus simple de demander des détails ou une reformulation du besoin lors d'un entretien avec l'interlocuteur. En plus de fédérer l'équipe projet, ces tables rondes permettent d'identifier les personnes réticentes au projet.

Cette expression des besoins peut être formalisée sous forme de tableau :

Acteur	Fonction	Besoins	Attentes
Direction générale	PDG	Avoir une vitrine Internet	Un site Internet qui reflète le dynamisme de l'entreprise
Direction communication	Responsable marketing	Profiter de ce site pour recruter des prospects	Une interaction avec l'internaute
Direction commerciale	Directeur commercial	Mettre à disposition des commerciaux les plans techniques	Compatible avec les tablettes tactiles
Contributeur de contenu	Employé du service communication	Libérer du temps pour la mise à jour	Un outil de mise à jour simple et rapide
Internaute	Client identifié	Consulter l'historique de ses achats	Une navigation intuitive

2.2 La cible

Dans un but d'optimisation, chaque site web doit avoir sa cible. Qu'il soit de type intranet, Internet ou extranet, l'identification de la cible visée est primordiale.

Ce choix de la cible incombe directement aux instances de direction. Ce sont à elles de définir quel public elles veulent toucher en priorité. Il peut s'agir de clients déjà conquis mais il peut s'agir de nouvelles cibles recherchées que l'entreprise n'arrive pas à approcher.

Le choix de la cible aura un impact non négligeable sur la structure, l'architecture et le graphisme du site web.

Une fois la cible identifiée, une étude de marché pourra être accomplie en fonction des groupes retenus : expertise Internet, habitude de consommation, pays concernés, âge, sexe, profession, revenus, profil d'internautes, etc.

Le recours à des compétences ponctuelles spécialisées permet d'appréhender un public que l'on a du mal à cerner.

Il est également possible d'obtenir des informations en consultant les études régulièrement publiées par l'Insee, Médiamétrie, TNS Sofres, le Syndicat national de la communication directe (SNCD) et autres.

L'étude sur l'attitude des internautes par rapport à l'e-mail en France réalisée par Directinet et publiée par le SNCD est un très bon exemple.

Extrait de l'étude :

L'étude, publiée en décembre 2009, propose une cartographie de l'attitude des internautes face à l'e-mail marketing. Ce panorama définit 7 profils d'internautes, plus ou moins réceptifs à l'envoi d'e-mail marketing.

– Les BALOPHILES (14 %) sont des cyber-acheteurs avertis.

En majorité des hommes, ils ont un âge moyen de 45 ans, avec une sur-représentation en Île-de-France et chez les CSP+. Leur niveau d'expertise Internet est élevé et 70 % d'entre eux font au moins 1 achat en ligne par mois. Ils utilisent assidûment les différentes formes de l'e-mail marketing que sont les newsletters, les alertings ou les ventes privées. Ils possèdent 3 adresses e-mail en moyenne (d'où l'appellation Balophiles, bal = boîte aux lettres).

– Les CORRESPONDANTS (12 %) utilisent principalement l'e-mail pour communiquer.

Ce sont des hommes à 90 %, qui achètent peu en ligne et sont peu abonnés aux communications des sociétés dont ils ne sont pas clients. Les 25-34 ans et 34-49 ans sont sur-représentés dans cette catégorie : leur niveau d'expertise est élevé, ils utilisent beaucoup l'e-mail via leur mobile. Ils créent des adresses e-mail spécifiques pour leur correspondance. Ils ouvrent les communications lorsque l'expéditeur est connu et/ou le sujet jugé intéressant, en revanche, ils déclarent en spam les messages ne les intéressant pas ou plus.

– Les SOCIAUX (16 %) sont des jeunes, férus de Web 2.0.

70 % d'entre eux ont moins de 25 ans, ils sont également très franciliens. Ils sont une large majorité (65 %) à se connecter avec leur mobile. Ils disposent de 3 adresses e-mail en moyenne avec sur-représentation de Hotmail, MSN et Gmail. Leur motivation d'inscription est de participer à des forums et des blogs. Leur réactivité est influencée par l'esthétisme et la première partie du message.

– Les AFFAIRISTES (18 %) sont à la recherche des "bons plans".

Ce sont des femmes (90 %) de CSP moyennes (70 %), pas réellement expertes d'Internet, mais très fortement cyber-acheteuses. Elles utilisent l'e-mail pour les promotions, les ventes privées et les jeux-concours. Elles sont très réactives dès lors qu'il y a une promotion, un jeu ou un avantage mis en avant.

– Les RAISONNABLES (11 %) font attention à leur budget.

Cette population masculine, vivant en province, n'a pas réellement les moyens d'acheter souvent en ligne. Avec une seule adresse e-mail à 70 %, ils ont une expertise Internet modérée, néanmoins, ils seront plus réactifs aux messages d'une marque dont ils sont clients.

– Les DÉBUTANTS (14 %) ont peu de maturité sur le canal e-mail.

Ces jeunes femmes (46 % de moins de 25 ans), provinciales, ont une faible appétence à l'achat en ligne et ne disposent que d'une seule adresse e-mail pour la moitié d'entre elles.

Elles peuvent être influencées par la personnalisation et/ou l'esthétisme graphique des e-mails, mais sont peu "ambassadrices" des marques.

– Les SENIORS (15 %), ou plus de 50 ans, peu matures sur le canal e-mail.

80 % d'entre eux ont plus de 50 ans et débutent dans l'appréhension du média Internet : ils sont donc peu acheteurs en ligne et utilisent l'e-mail principalement pour la correspondance. Ils se sont abonnés par curiosité dans 43 % des cas. Ils réagissent lorsque l'expéditeur est connu ou l'offre adaptée. Ils suppriment sans lire lorsque le message ne les intéresse pas et utilisent peu les liens de désabonnement mis à leur disposition.

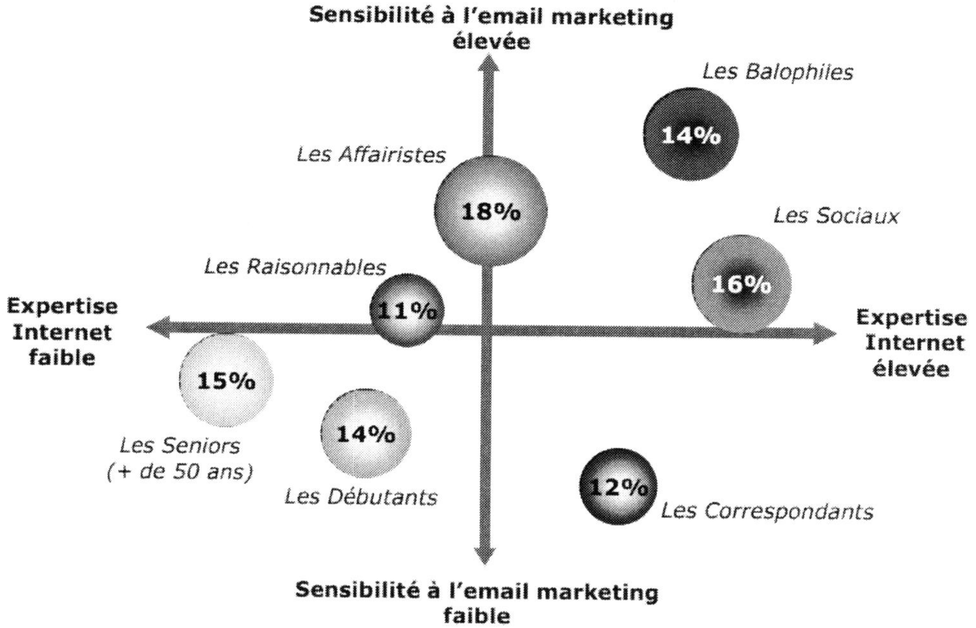

Source SNCD : http://www.sncd.org

2.3 Les caractéristiques de l'entreprise

Les caractéristiques de l'entreprise vont conditionner les objectifs recherchés et auront un impact non négligeable sur la mise en œuvre du projet web. Il est nécessaire de qualifier le niveau d'expertise Internet de l'entreprise, d'évaluer sa culture Internet et sa connaissance du média Internet.

Il convient, à ce niveau de l'étude, de lister les éléments Internet que l'entreprise a déjà mis en œuvre dans son organisation. Ce n'est pas un audit de l'existant détaillé qu'il faut fournir mais un constat général de la présence du média Internet dans l'entreprise et dans les mœurs de celle-ci.

Si l'entreprise fait ses premiers pas sur Internet, il faut mettre en évidence cette non-connaissance du média qui aura inéluctablement un impact sur la mise en œuvre du projet. Il conviendra alors de calibrer les objectifs visés s'ils sont en inadéquation avec le niveau de culture web de l'entreprise.

Les éléments à prendre en compte pour cette évaluation sont la taille de l'entreprise, sa notoriété, ses parts de marché, son secteur d'activité, son marché concurrentiel, le taux d'utilisation du média Internet de sa cible. Sont également à évaluer l'existant informatique de l'entreprise (logiciel et matériel) ainsi que l'existant organisationnel (équipes informatiques, équipes éditoriales).

Lorsque l'entreprise a déjà une expérience dans le projet web, il est bon de le mentionner, même si cette expérience n'a pas été concluante. Les grandes lignes de ce ou ces projets ainsi que les résultats obtenus seront présentés. Cette expérience permet souvent d'analyser les raisons d'un échec et d'anticiper les risques que peut rencontrer le nouveau projet.

2.4 Les objectifs

Après avoir listé les besoins et les attentes de l'entreprise, il convient de les transformer en objectifs quantifiés, qualifiés mais surtout mesurables.

Les entreprises qui décident d'être présentes sur Internet ont toutes des motivations variées qui leur sont propres. On peut toutefois définir sept objectifs majeurs :

- Informer : l'entreprise souhaite communiquer à ses clients, à ses fournisseurs, à ses partenaires, son actualité et ses nouveautés. Ces informations peuvent s'afficher sur les sites Internet et/ou Intranet de l'entreprise mais également être relayées sur d'autres sites web. À travers cet objectif, l'entreprise souhaite être omniprésente sur la Toile et devenir un référent dans son secteur d'activité. La fréquence et la qualité de ses publications sont les deux axes majeurs de sa stratégie. Les e-mails et les newsletters jouent un rôle crucial pour l'atteinte de cet objectif.
- Fidéliser : conforter sa clientèle, asseoir ses relations partenariales passent aujourd'hui nécessairement par Internet. Présenter un site institutionnel de qualité est un atout. Cet objectif met l'accent sur l'image de l'entreprise. À l'heure du Web 2.0, l'accent peut être mis sur l'interactivité avec l'internaute.
- Conquérir : l'entreprise souhaite prospecter de nouveaux clients séduits par l'offre présentée sur le site web. Il peut s'agir d'un segment de sa clientèle traditionnelle réceptive au média Internet que l'entreprise souhaite voir migrer. Une conquête du média Internet est d'autant plus stratégique si les concurrents ont délaissé ce média.

- Présenter sa gamme de produits : mettre en ligne, à disposition des prospects, des clients et des partenaires sa gamme de produits est une source d'économie et un avantage commercial pour l'entreprise. Ce catalogue est accessible à tous. Même si cet objectif est relativement proche de celui de vendre, c'est souvent la première étape avant de passer à un site marchand transactionnel.
- Vendre : les chiffres en constante croissance du commerce électronique résument bien l'engouement pour ce mode d'achat. Les entreprises marchandes souhaitent conquérir de nouvelles parts de marché. Cette vente par correspondance n'empiète que légèrement sur les ventes en magasin, s'octroyer ce nouveau canal de distribution est tout bénéfice pour les entreprises qui sont habituellement spécialisées dans la vente en magasin.
- Gagner en productivité : proposer des prestations et des services dématérialisés, mettre à disposition un SAV de premier niveau, partager des documents, des agendas, des plannings avec ses commerciaux sont autant d'arguments qui permettent à l'entreprise d'optimiser ses relations avec ses clients et ses équipes sur le terrain tout en gagnant en productivité. Un site extranet ou un portail d'entreprise sont des plates-formes Internet adaptées.
- Se faire connaître : le média Internet est le moyen le plus rapide pour faire connaître son entreprise et son activité. Cet objectif, même s'il n'est pas une fin en soi, est souvent l'objectif inavoué mais valorisant qui déclenche le lancement du projet web.

Même si ces objectifs semblent complémentaires, il est important toutefois de bien les séparer. Chaque objectif représente des actions à mettre en place et nécessite du temps pour être atteint. D'autant plus qu'à cette liste non exhaustive, viennent souvent s'ajouter des objectifs internes à l'entreprise.

Il est, par conséquent, nécessaire de quantifier, mesurer et prioriser ces objectifs.

2.4.1 La quantification et la mesure des objectifs

Pour qu'un objectif soit réalisable, il doit être mesurable quantitativement sur une durée donnée. Quantifier un objectif revient à lui attribuer un ordre de grandeur mesurable.

À titre d'exemple, voici quelques exemples de critères quantitatifs mesurables :

Objectif	Exemple de critère quantitatif
Informer	– nombre d'abonnements à la newsletter – nombre de pages d'actualité vues – nombre de sites affiliés
Fidéliser	– nombre de pages vues – nombre de visiteurs – nombre de visites
Conquérir	– nombre de clics sur les bannières commerciales du site – nombre de mises en contact via le site web
Présenter sa gamme	– nombre de pages vues – temps passé sur le site – nombre de visiteurs
Vendre	– chiffre d'affaires – nombre de commandes
Productivité	– nombre de supports papier remplacés – diminution des appels clients – gain de temps pour les commerciaux

La mesure des objectifs d'un projet web se fait généralement de deux manières. La première est une mesure d'audience du site Internet. En incluant dans les pages du site web un outil d'analyse d'audience (Google Analytics, Estat, Xiti, etc.), on a accès à une source d'informations riches et complètes. Il convient alors de retenir le critère approprié à la mesure recherchée. Le temps de consultation et le taux de rebond de chaque visite, par exemple, donnent un bon aperçu de l'intérêt que peut susciter le contenu. Le nombre de visiteurs, le nombre de pages vues, la provenance des internautes sont autant d'éléments qui permettent de mesurer ses objectifs.

La seconde mesure peut s'effectuer en interne. Le chiffre d'affaires occasionné, le nombre d'appels, le nombre d'e-mails entrants sont également des moyens de mesure très pertinents.

2.4.2 La priorisation des objectifs

La priorisation, effectuée par l'équipe dirigeante, se fera en fonction de la stratégie de l'entreprise et surtout du facteur temps. Si l'entreprise souhaite présenter sa gamme et vendre ses produits rapidement pour répondre à un besoin d'un gros client, elle aura tendance à placer ces deux objectifs loin devant les autres.

Mais cette priorisation des objectifs se fait surtout en fonction de la destination du projet web. Un site Internet et un site extranet auront peut-être les mêmes objectifs mais ils seront priorisés différemment.

Prenons l'exemple d'une grande entreprise dans le secteur du luxe. Celle-ci souhaite entretenir voire améliorer son image de marque sur le réseau Internet, et souhaite également entretenir une relation privilégiée avec les professionnels. Elle décide alors de lancer deux projets web. Le premier sera de type Internet (destiné au grand public), le deuxième sera de type extranet (dédié aux professionnels).

La priorisation des objectifs sera alors :

Pour le site Internet	Pour le site extranet
Présenter sa gamme	Informer
Conquérir	Fidéliser
Fidéliser	Vendre

La priorisation des objectifs va permettre de donner une première orientation du projet web et de laisser transparaître une première ventilation des budgets qui seront alloués au projet web.

2.5 La présentation de l'environnement

La description de l'environnement technique, technologique et concurrentiel du projet web consiste à décrire l'environnement cible. Cet exercice permet également de donner un premier éclairage sur l'ampleur des investissements. L'étude de l'environnement concurrentiel permet à l'entreprise de se situer par rapport à ses concurrents.

2.5.1 L'environnement technique

La première étape consiste à décrire dans quel contexte technique se déroulera le projet web. Sans détailler, il faut préciser les spécificités techniques que font déjà ressortir les besoins et les objectifs.

Les points principaux sont :

- Le type de site web : site Internet, extranet ou intranet.
- Le type de connexion : sécurisé ou public.
- La bande passante : l'importance du trafic a un impact sur la bande passante, il est important de l'estimer.
- L'authentification : si le site nécessite une identification, il faut préciser le niveau de sécurité de l'authentification (en fonction de la sensibilité des données restituées).
- Connexion à l'existant : si une application web existe déjà dans l'entreprise et qu'elle se retrouve au centre du nouveau projet, il faut le stipuler.

Après avoir décrit les grandes lignes du contexte technique du projet, il convient de rappeler les grandes lignes du contexte technique de l'entreprise.

La deuxième étape revient à faire un rapide état des lieux de l'infrastructure de l'entreprise en décrivant dans quel univers technique l'entreprise évolue. Sans faire un audit technique, il suffit de décrire si l'entreprise a des ressources internes (matérielles et humaines) ou si l'infrastructure est gérée en infogérance. Il convient également de préciser si l'entreprise est habituée ou non aux éléments techniques que nécessite le projet web.

Ce volet technique se termine par une synthèse succincte qui commente l'écart entre les besoins du projet et l'existant dans l'entreprise.

2.5.2 L'environnement technologique

À l'instar de l'environnement technique, l'environnement technologique du projet web est nécessaire pour la bonne appréhension du projet.

Même s'il est trop tôt pour retenir une solution technologique définitive, il est bon de présenter les plates-formes et langages standard dominants du moment.

Il faut effectuer un rapide état des lieux des technologies déjà utilisées par l'entreprise. Doit-on orienter le projet web vers les technologies connues de l'entreprise ou est-ce que le changement de technologie est une chose envisageable ?

Si l'intégration d'un système de gestion de contenu (CMS) est préconisée à la vue des attentes et objectifs, doit-il s'appuyer sur les technologies déjà présentes dans l'entreprise ou une nouvelle technologie peut-elle être introduite ?

Quand le chef de projet décrit l'environnement technologique, il se doit de poser ces questions. Sous forme de synthèse, il peut faire une première préconisation qui nécessitera un approfondissement d'étude dans les futures étapes du projet.

2.5.3 L'environnement concurrentiel

Si l'entreprise n'est pas encore présente sur Internet, l'étude de la concurrence est riche d'enseignements. Les concurrents plus anciens sur Internet ont dû essuyer les plâtres. L'idée première est de comprendre leur stratégie Internet et de déterminer les avantages qu'ils en retirent. Un audit détaillé réalisé par un spécialiste extérieur à l'entreprise positionnera correctement l'offre de l'entreprise par rapport à ses concurrents.

Il s'agit donc de citer les concurrents les plus pertinents et de décortiquer leur stratégie Internet. L'analyse doit a minima contenir :

- Le nombre et le nom des concurrents présents sur Internet.
- Les services proposés, la stratégie adoptée, la pertinence et l'efficacité de l'ensemble.
- L'image qu'ils véhiculent (sur les forums par exemple).
- Les principales fonctionnalités, leurs forces, leurs faiblesses, le nombre de pages sécurisées, le moyen d'authentification.
- Les mises à jour de leur contenu ainsi que la fréquence de publication.

- La qualité de leur référencement (présence, positionnement, mots-clés).
- Les bannières publicitaires, ainsi que les sites web où elles sont présentées.
- Leur communication hors ligne (plaquettes, carte de visite, publicités radio, télévisuelles, etc.).

Cet exercice, même s'il n'a pas forcément besoin de rentrer dans les détails, doit éclairer sur le positionnement de la concurrence. Il permet d'insuffler les bonnes orientations de la stratégie Internet de l'entreprise.

2.6 Les opportunités du projet

Démarrer un projet web est avant tout une opportunité pour l'entreprise. Tout du moins c'est le maître mot qui doit en ressortir. Si ce projet web est une contrainte pour l'entreprise, inutile de se lancer dans un grand projet, il ne sera porté que par le chef de projet et aura du mal à aboutir. Il est donc important de définir précisément l'impact pour l'entreprise, de rappeler que ce projet est stratégique pour elle. Autant d'arguments positifs qu'il faudra rappeler si l'on veut que toute l'entreprise adhère au projet et contribue au succès de manière active.

2.6.1 L'impact sur l'entreprise

Il est indispensable de connaître et de préciser les implications que la mise en place d'un site web entraîne pour l'entreprise. Tous les postes peuvent potentiellement être affectés, l'entreprise entière doit être sensibilisée sur un ensemble de points cruciaux.

Pendant l'élaboration du projet, les responsables des services marketing, commerciaux et autres seront mis à contribution. Il faut donc bien vérifier leur disponibilité pendant cette phase.

Lors de la réalisation du projet, il faut clairement identifier qui sera en charge de la collecte des informations, de leur diffusion, de la validation du travail effectué ainsi que de la réception finale de celui-ci. Au même titre, il faut identifier le maître d'ouvrage opérationnel chargé de coordonner le travail et d'agir comme interface avec les prestataires extérieurs. Si des formations techniques sont à prévoir, il est préférable de les identifier au plus tôt.

Il faut également se projeter après le lancement du site. Il est bien d'anticiper le succès du site web et l'impact sur l'organisation de l'entreprise. Il faut également prévoir les nouveautés qu'occasionnera le site web, la gestion des e-mails, les réclamations des clients, les demandes de documentation, la veille de l'e-réputation, la mise en place d'une hot-line ou d'un service après-vente, la prise en compte comptable des commandes passées en ligne, etc.

Prévoir dès à présent la ligne éditoriale évitera bien des surprises. Il faut identifier les personnes qui produiront du contenu, celles qui le valideront et celles qui le mettront en ligne. Il en va de même pour les éléments chiffrés de l'entreprise et les images.

Techniquement, il faut vérifier que l'entreprise dispose en interne des compétences nécessaires au projet, que ce soit pour la maintenance du site ou l'administration. Si ce n'est pas le cas, il convient d'anticiper les postes à créer, les formations ou le recours à la sous-traitance.

2.6.2 La relation avec la stratégie de l'entreprise

Le projet web doit faire partie de la stratégie de l'entreprise. Il faut garder à l'esprit que le site Internet doit avant tout remplir son rôle d'outil stratégique pour l'entreprise.

Parce qu'un site web offre à l'entreprise une vitrine permanente et sans frontière vis-à-vis de ses clients, ses prospects, ses partenaires et ses salariés, c'est une arme marketing redoutable.

En règle générale, le site web s'intègre dans la stratégie multicanal de l'entreprise. Il ne doit pas être traité comme une exception.

Certaines entreprises, frileuses vis-à-vis du média Internet, ont eu tendance par le passé à différencier leur stratégie en fonction du canal retenu. Une communication était dédiée aux canaux traditionnels (e-mailing, affichage, etc.) et une autre au média Internet. Ces entreprises ont appris à leurs dépens que le prospect et le client sont multicanaux. Le prospect peut être contacté par un e-mailing et il ira par lui-même, via Internet, compléter sa découverte de l'entreprise. S'il ne retrouve pas la même stratégie, il sera perdu.

S'assurer que le projet web est inscrit dans la stratégie de l'entreprise permet de fédérer les équipes qui s'investiront dans le projet avec comme ligne de mire l'intérêt de l'entreprise.

Il est important de rappeler les objectifs attendus au niveau de l'entreprise et pas seulement du site web.

Ainsi, un site de vente en ligne qui viendrait compléter un réseau de magasins ne devrait pas avoir comme objectif un chiffre d'affaires en ligne. Il est préférable de poser comme objectif, une hausse du chiffre d'affaires de l'entreprise. Ainsi le canal Internet n'est pas isolé. Il contribue à la hausse du chiffre d'affaires de l'entreprise. Une segmentation du chiffre d'affaires pour faire ressortir l'impact de la vente en ligne pourra être faite mais dans un second temps.

Il faut rappeler ce que le site web apportera à l'entreprise (hausse du chiffre d'affaires, productivité, règlement de problèmes actuels, visibilité à l'international, complément de services, etc.) et ne pas rester focalisé sur le site web en lui-même.

2.6.3 Les risques encourus

L'immatérialité de l'informatique peut constituer un frein psychologique, c'est malheureusement le risque premier commun à tous les projets web.

Tout projet a ses risques associés. Dans le cas d'un projet web, les risques encourus doivent être identifiés à cette étape du projet. Selon leur nature, ils auront un impact sur les décisions à prendre.

Dès l'analyse des besoins, phase cruciale du projet web, il existe le risque de vouloir trop en faire, de répondre à des besoins accessoires. Tout automatiser, et en particulier les procédures rares, n'est pas forcément un bon calcul en termes de coût et de complexité. Il est nécessaire de bien définir le contexte du projet, d'identifier les vrais besoins et leurs importances.

Un autre risque, souvent oublié, est la démobilisation des ressources internes dans la durée. Pour pallier celui-ci, il faudra conduire le changement efficacement en communiquant, formant, impliquant et intéressant les acteurs durant toutes les phases du projet.

La sous-évaluation des coûts et des ressources est un risque fréquent. Au-delà des coûts du projet, il faut prendre en compte les besoins en termes de maintenance, procédures, formations, documentations, etc. Il faut donc prendre en compte l'intégralité du cycle de vie du projet.

Bien choisir ses partenaires extérieurs (disponibilité des équipes, intérêt du partenaire pour le projet, etc.) permet de limiter le risque de défaillance des partenaires extérieurs.

2.6.4 L'organisation envisagée

À ce stade, le chef de projet web doit être capable de proposer une organisation type pour la réalisation du projet. Il doit identifier les acteurs de la maîtrise d'ouvrage, de la maîtrise d'usage et de la maîtrise d'œuvre qui composeront l'équipe projet. Le rôle attendu et les responsabilités de chacun doivent également être clairement définis. L'équipe dirigeante doit valider cette organisation. Beaucoup de projets web partent à la dérive tout simplement parce que devant le fait accompli, en plein projet, les acteurs ne savent pas clairement qui fait quoi, qui valide quoi. Laisser une zone d'ombre dans les responsabilités constitue un risque non négligeable.

Bâtir un projet web, c'est un peu comme bâtir une maison. Les termes maîtrise d'ouvrage (celui qui commande et qui paie) et maîtrise d'œuvre (celui qui construit) sont empruntés au vocabulaire du bâtiment et des travaux publics. Il y a le client, l'architecte et les ouvriers du bâtiment. Chaque intervenant joue un rôle précis et attend quelque chose des autres acteurs (ordres, conseils, livrables) pour pouvoir avancer dans sa tâche.

Le Web ayant une ancienneté relativement récente, un troisième acteur s'est invité dans l'organisation des projets web. Il s'agit de la maîtrise d'usage. Proposer un site web c'est bien, s'il est facile à utiliser et correspond à ce qu'attend l'utilisateur, c'est mieux.

Il convient donc de découper l'organisation en trois organes distincts (MOA, MOE, MUE), de nommer les acteurs et de rappeler les responsabilités de chacun.

2.7 Le diagnostic de rentabilité

Durant la phase de définition, il est important de donner les grandes lignes budgétaires. Comme tout projet de l'entreprise, le projet web doit répondre aux exigences économiques. Il représente un coût et par conséquent doit engendrer des gains mesurables. Cette rentabilité est aujourd'hui un critère à prendre en compte. Un projet web est un investissement, comme tout investissement il se doit d'être rentable.

2.7.1 L'évaluation des moyens nécessaires

Ce budget n'est qu'une estimation. Il sera affiné lors des phases ultérieures du projet. Il est recommandé de découper le projet web en grandes tranches distinguant les grandes évolutions du site. Il n'est pas nécessaire de mettre en place dès le départ une solution complexe qui nécessite un investissement colossal. On peut, par exemple, commencer par un site web qui couvrira les besoins urgents et planifier à plus ou moins long terme des évolutions qui apporteront de nouvelles fonctionnalités. Si nous prenons l'exemple d'un site marchand, il est judicieux, financièrement, de commencer par le site web puis de ajouter au fur et à mesure des fonctionnalités permettant de fidéliser la clientèle. Ces évolutions seront en partie financées par les revenus du site marchand, mais surtout elles seront nécessaires lorsque le nombre de clients atteint nécessitera ce genre d'évolution.

Il est de bon principe d'estimer le partage de la dépense globale d'un site web de la manière suivante : un tiers pour la création, un tiers pour la promotion et un tiers pour la maintenance et l'animation.

La création du site web n'est donc pas la seule ligne de dépense. Il est important de prendre en compte dans les prévisions les points suivants : le référencement et la promotion du site, les contacts avec les internautes et les prospects, le suivi des commandes (contacts avant-vente, facturation, livraison, SAV), l'animation du site web (visuelle et éditoriale), la maintenance des outils informatiques et Internet liés au projet (serveur web, e-mails, bases de données, mise à jour des logiciels, etc.).

2.7.2 L'estimation des gains espérés

À côté des moyens déployés, il va falloir estimer les gains que peut engendrer le projet web lorsqu'il sera réalisé. L'exercice est d'autant plus difficile que lors de la phase de définition, le site web n'en est qu'au stade de projet. Il convient d'estimer financièrement les gains espérés. S'il est facile d'estimer le chiffre d'affaires que générera un site marchand, l'opération s'avère plus compliquée lorsqu'il s'agit d'un site internet.

Le retour sur investissement d'un projet web peut appartenir à une des deux grandes catégories suivantes : augmentation du chiffre d'affaires ou économie de coûts.

L'augmentation du chiffre d'affaires englobe les notions de bénéfices, de panier moyen. Il faut étayer les estimations en prenant en compte les résultats des concurrents, le chiffre d'affaires effectué hors ligne et l'étude des habitudes de consommation des clients du secteur visé.

Les économies de coûts permettent de quantifier les gains que peuvent générer des sites web non marchands. Ces économies sont divisées en deux catégories.

Les économies directes sont les économies quantifiables, parmi lesquelles figurent les économies d'impression ou de distribution, par exemple. D'un point de vue marketing, l'économie se fera surtout au niveau du coût d'acquisition du client. Le site web permet de contacter plus facilement et en plus grand nombre des prospects ciblés. Les campagnes en ligne étant de loin moins onéreuses que les campagnes hors ligne, le coût d'acquisition client en est forcément réduit. Cet argument est un atout, notamment lorsque l'entreprise souhaite conquérir de nouveaux clients.

Les économies indirectes sont plus difficilement quantifiables : collaboration et processus de prise de décision simplifiés, meilleure communication, automatisation des processus internes, etc. Pour estimer ces économies indirectes, on peut raisonner en économie jours/homme par année. Le fait d'automatiser l'envoi des e-mails ou l'envoi de documentation permet de ne pas mobiliser une personne 2 heures/jour soit environ 40 heures/mois soit environ 480 heures par an. Sur une base de 9 euros bruts de l'heure, cette automatisation représente pour l'entreprise un gain annuel de 4 320 euros (sans compter les charges patronales associées).

Malgré tout, les gains ne sont pas toujours quantifiables. Il convient alors de mettre en avant les caractéristiques et les avantages concurrentiels du projet web. Il s'agit en effet d´éclairer les décideurs sur les enjeux autres que les retours financiers à court terme. Accroître le potentiel client, partager la connaissance, augmenter la réactivité sont autant d'atouts qui contribuent à la prise d'avantages compétitifs.

2.7.3 L'évaluation du retour sur investissement (RSI)

Le *Return On Investment* (ROI) ou retour sur investissement (RSI) représente la mesure de l'efficacité d'un investissement en termes de rentabilité. Il se résume généralement à un simple ratio financier comparant la valeur du coût de l'investissement avec sa rentabilité.

Un investissement rentable doit se transformer en source de profits à plus ou moins long terme. Le ROI permet d'évaluer la performance de l'investissement.

Calculer le ROI est une étape essentielle avant de démarrer le projet web. Le ROI est le critère clé qui peut être utilisé par exemple pour sélectionner les priorités de mise en œuvre des projets. Calculer au préalable le ROI du projet permet d'évaluer rapidement la rentabilité et évite de se lancer trop rapidement dans un projet dont personne ne connaît réellement la finalité.

Le calcul traditionnel du ROI ne prend en compte que les retours financiers directs (augmentation du chiffre d'affaires ou économie de coûts). Les décideurs sont ainsi fortement incités à ne sélectionner en priorité que les seuls projets dont la rentabilité est visible et quantifiable, pour lesquels on sait qu'ils rapporteront du cash rapidement. Cette méthode traditionnelle atteint rapidement ses limites lorsque l'on veut l'appliquer à des projets web non marchands. On mettra l'accent sur les avantages concurrentiels qu'apporte le projet web.

Dans le cas d'un site marchand, le ROI est le ratio entre le coût du site Internet et le chiffre d'affaires généré par lui. On prendra bien soin de prendre en considération l'ensemble des coûts relatifs au site (frais de personnel, matériels, etc.), ainsi que l'ensemble des revenus ou économies envisagés.

$$ROI = \frac{CA}{Cs}$$

CA = chiffre d'affaires

Cs = coût du site

Pour être rentable, le ROI doit se situer au-dessus de 1. Si l'investissement au départ du projet est lourd et le chiffre d'affaires incertain la première année, il est préférable de présenter le ROI sur 5 ans, en prenant bien soin de détailler les frais inhérents au fonctionnement du site ainsi que les frais de campagnes marketing. Si par exemple les frais de conception du site web sont de 80 000 euros, et que celui-ci soit amorti sur 5 ans (16 000 euros par an), voici un tableau représentatif :

	Année N	**Année N+1**	**Année N+2**	**Année N+3**	**Année N+4**
Chiffre d'affaires (CA)	1 000 €	10 000 €	50 000 €	100 000 €	200 000 €
Cs	36 000 € (16 000 + 20 000)	16 000 €	36 000 € (16 000 + 20 000)	86 000 € (16 000 + 70 000)	86 000 € (16 000 + 70 000)
ROI	0,02	0,625	1,38	1,16	2,32
Autres coûts	Campagne e-mailing (20 000 €)		Campagne achat mots clés (20 000 €)	Embauche 2 personnes (70 000 €)	

3. L'organisation du projet

Après avoir défini le projet, le budget nécessaire, il ne reste plus qu'à aborder la notion de délai. Le chef de projet web doit définir les grandes phases du projet. Pour chaque phase, il convient de décrire les attentes et les livrables de fin de phase. Ces grandes phases regroupent chacune un ensemble d'étapes.

3.1 La présentation des grandes phases du projet

Il faut maintenant présenter à la direction les grandes phases du projet. Il n'est pas nécessaire à ce niveau de trop rentrer dans le détail et de décrire les étapes constituant ces phases.

La première phase est celle de lancement. Cette phase qui officialise le lancement du projet ne peut intervenir qu'après un accord de la part de la direction de l'entreprise. Cette phase s'ouvre par une réunion de lancement qui réunit l'ensemble des acteurs du projet et se termine par la livraison d'un cahier des charges. Durant cette phase, une étude préalable détaillée des besoins et de l'existant sera menée. Une répartition des rôles et des tâches aboutira à un planning précis.

La deuxième phase est la phase de conception. Durant cette phase, les éléments éditoriaux, graphiques, techniques et fonctionnels sont maquettés, détaillés et validés. Cette phase se clôture avec la livraison du cahier des spécifications fonctionnelles détaillées.

La troisième phase est la phase de réalisation des éléments du projet en stricte adéquation avec les exigences des spécifications fonctionnelles détaillées. Un cahier de recette est livré en fin de phase attestant la conformité des livrables.

La quatrième phase, la phase de production, correspond à la mise en ligne du projet. Celui-ci est abouti et visible par l'ensemble des internautes.

Enfin, la cinquième et dernière phase appelée phase d'exploitation permet de faire un bilan du projet, d'organiser la maintenance (corrective et évolutive) et de promouvoir le site web en interne.

3.2 Le macro-planning

À ce stade, un macro-planning doit être défini et rédigé. Il reprend les différentes phases et les positionne dans le temps. Même si le chef de projet web ne doit fournir qu'un macro-planning (niveau phase), il peut pour lui-même commencer à planifier les différentes étapes composant une phase.

Toutefois, afin d'être certain de mobiliser en interne toutes les ressources nécessaires à la bonne réalisation du projet, il convient de sensibiliser la direction sur leur disponibilité, en détaillant par exemple la phase de conception, qui nécessite beaucoup de temps de validation.

Le macro-planning peut être réalisé avec un logiciel de planification spécialisé (par exemple MS Project de Microsoft).

Ce macro-planning permet de définir essentiellement une date de lancement et une date de fin du projet. Les jalons importants (surtout pour les validations lors de la phase de conception) doivent être mis en évidence.

Ce macro-planning doit permettre avant tout à la direction de l'entreprise d'appréhender la durée du projet.

3.3 La gouvernance du projet

Afin que tout soit clairement défini, il convient de nommer expressément les acteurs de la gouvernance du projet.

Qui est le directeur de projet et quel est son rôle, qui valide quoi et sous quelle forme font partie des questions auxquelles une réponse précise doit être apportée. S'il subsiste à ce niveau des zones d'ombre, le projet débute avec un handicap majeur. Cette gouvernance doit être validée par l'ensemble des acteurs afin que chacun prenne la responsabilité du rôle qu'il joue dans le projet.

Au-delà des rôles de chacun, des comités qui ont une vocation de suivi du projet doivent être constitués (comité de pilotage, comité de suivi).

3.4 L'équipe projet

Le travail préparatoire à la définition de l'équipe projet consiste à recenser en interne les ressources de l'entreprise et à définir ensuite celles qui devront être sollicitées en externe, sous forme d'assistance (consultants, experts) ou de sous-traitance (développeurs, graphistes, agences multimédias). Afin de bien définir les acteurs, il est conseillé de lotir le projet et de préciser l'attribution des lots envisagée pour chacun.

Voici un exemple de constitution d'une équipe projet cible, présenté sous forme de tableau et envisageable dans une grande entreprise :

Gouvernance du projet	
Directeur de projet	Directeur marketing et communication
Chef de projet	Chef de projet web (interne ou externe)

Maîtrise d'ouvrage	
Direction maîtrise d'ouvrage	Direction marketing
Direction maîtrise d'ouvrage déléguée	Direction commerciale
Représentant maîtrise d'ouvrage	Consultant AMOA

Maîtrise d'usage	
Direction maîtrise d'usage	Équipe marketing
Représentant maîtrise d'usage	Consultant maîtrise d'usage

Maîtrise d'œuvre	
Direction maîtrise d'œuvre	Direction des systèmes d'informations (DSI)
Représentant maîtrise d'œuvre	Directeur de la DSI

Dans un second temps, il est nécessaire de procéder au lotissement du projet :

Éditorial	
Rédaction de contenu	Direction marketing
Validation	Direction marketing
Mise en production	Direction marketing

Graphisme	
Réalisations graphiques	Prestataire extérieur
Validation	Direction marketing
Mise en production	Direction informatique

Développements	
Réalisations des développements	Prestataire extérieur
Validation fonctionnelle	Direction marketing

Développements	
Validation technique	Direction informatique
Mise en production	Direction informatique

Technique	
Mise en place architecture technique	Direction informatique
Validation	Direction informatique
Mise en production	Direction informatique

Maintenances	
Maintenances correctives et évolutives	Direction informatique
Validation	Direction marketing
Mise en production	Direction informatique

3.5 L'étude de faisabilité

L'étude de faisabilité est un document qui doit être succinct sans masquer les incertitudes. Son objectif est de rendre l'idée du projet compréhensible par tous. Elle doit permettre à la direction de l'entreprise de prendre la décision de lancer ou non le projet web. Cette étude reprend l'ensemble des éléments stratégiques pouvant étayer la décision, à savoir :

- L'objectif du projet : dans quel contexte l'entreprise a-t-elle instruit ce projet web, quels sont ses objectifs concrets ?
- Les besoins et les attentes : quels sont les besoins d'aujourd'hui et ceux de demain ? Qu'apportera le site web à l'entreprise ?
- L'existant de l'entreprise : la culture web fait-elle partie de l'entreprise ou est-ce une révolution ? Existe-t-il en interne des compétences qui seront mobilisées ?
- L'environnement du projet : comment se situe la concurrence ? Le projet web ouvre-t-il de nouveaux horizons en termes de chiffre d'affaires ?

- Les opportunités du projet : quels sont les bénéfices que le projet va apporter à l'entreprise, aussi bien en termes d'image que d'opportunités commerciales ?
- Les risques du projet : le projet va-t-il être réellement perçu comme une opportunité ou y a-t-il des freins en interne ? Y a-t-il un risque pour l'entreprise que d'entreprendre ce projet ?
- La rentabilité du projet : le projet est-il rentable et sous quel délai ?
- L'organisation du projet : quels sont les acteurs du projet, qui décide, qui valide et qui produit quoi ? Fait-on appel à des ressources internes ou externes ?
- Le macro-planning du projet : combien de temps prendra la mise en place du projet et quels seront les jalons importants ?

3.6 La réunion de lancement

Lorsque la direction, à la lecture de l'étude de faisabilité, décide de lancer le projet, le chef de projet peut passer à la phase suivante : la phase de lancement.

Cette phase commence par la réunion de lancement, qui est une étape importante. En effet, elle mobilise les différents acteurs du projet ainsi que le management de l'entreprise. Son objectif, au-delà du simple fait d'indiquer que le projet démarre, est d'expliquer à tous, les objectifs du projet, son organisation, son planning. C'est un moment phare pour exprimer que ce projet est important pour l'entreprise et qu'il faut donc le considérer comme tel.

Chapitre 4
La phase de lancement

1. La réunion de lancement

La réunion de lancement (*kick-off meeting*) est la réunion qui a lieu en tout début de projet et qui officialise le lancement du projet. Cette réunion permet de rassembler tous les acteurs autour d'une table, d'initier la création de l'équipe et fédérer les différents intervenants autour de la réussite du projet.

Cette réunion est organisée conjointement par le chef de projet et la maîtrise d'ouvrage, elle doit avoir lieu le plus tôt possible, juste après l'étude de faisabilité. Il est préférable à ce niveau de n'inviter que les acteurs de l'entreprise, éventuellement l'assistance à la maîtrise d'ouvrage. Une réunion quasi similaire pourra être organisée avec la présence des prestataires extérieurs, mais après la rédaction et la validation du cahier des charges.

La rencontre entre les différents acteurs va permettre de faire connaissance, de définir et poser les bases de leur future collaboration, de définir des objectifs quantitatifs et qualitatifs, d'identifier les risques et les facteurs clés du projet, de présenter le planning, l'organisation, le déroulement et les prochaines étapes du projet.

1.1 La préparation de la réunion

Le point de départ est la préparation d'un support de qualité : la note de lancement. Ce support présenté sous forme de diapositives doit être concis, motivant et aborder tous les éléments clés du projet. À ce niveau, ce n'est pas la peine de rentrer trop dans les détails. Cette réunion doit présenter les grandes lignes du projet afin que chaque acteur perçoive le projet dans sa globalité. Ce n'est pas une réunion de travail mais une réunion de présentation qui a pour but de fédérer l'équipe projet. La convocation et l'ordre du jour sont envoyés au moins trois jours avant, aux seuls acteurs du projet, après vérification de leur disponibilité. Cette réunion de lancement ne doit pas dépasser 1 h 30. La rédaction et la taille du support doivent donc tenir compte de ce délai imparti. Il est déconseillé d'inclure dans l'ordre du jour un thème divers qui risque de servir de fourre-tout et qui fera dériver la durée de la réunion.

1.2 L'organisation de la réunion

Il est préférable que l'organisateur de la réunion, en l'occurrence le chef de projet, arrive dans la salle environ 20 à 30 minutes avant, afin de vérifier le bon fonctionnement du matériel informatique et de s'assurer qu'il y a suffisamment de chaises. En bon hôte des lieux, le chef de projet peut proposer une petite collation à l'arrivée des invités. En règle générale, cette attention est plaisante et installe un climat de courtoisie qui perdurera pendant la réunion. Le chef de projet se positionne sur un côté de la table, de préférence au milieu (visible et audible par tous). Il est préférable d'éviter les bouts de table.

1.2.1 L'attitude du chef de projet

Le chef de projet doit animer la réunion avec rigueur et professionnalisme, c'est le projet qui est jugé à travers la manière dont est conduite la réunion.

La réunion doit toujours commencer à l'heure.

Le chef de projet web, en tant qu'animateur, doit faciliter les échanges entre les interlocuteurs. Il repérera les attitudes des acteurs, analysera leur ressentiment et saura détecter les personnes réticentes au projet. Il ne doit pas se contenter de lire ses fiches.

1.2.2 Le projet, ses enjeux et ses spécificités

Il est important de rappeler brièvement à tout le monde le contexte du projet, son historique et de positionner le projet dans l'organisation de l'entreprise. Les objectifs de cette présentation sont tout d'abord de faire en sorte que chaque acteur ressente l'appartenance à une équipe qui va réaliser un projet important pour l'entreprise et ensuite de mettre l'accent sur les points importants du projet. Chaque acteur doit se sentir investi d'une mission importante pour l'intérêt de l'entreprise.

Il faut détailler les grandes lignes du projet, les spécificités et les objectifs visés, à la fois quantitatifs (notoriété, positionnement par rapport à la concurrence, amélioration de l'organisation...) et qualitatifs (chiffre d'affaires attendu, part de marché...).

Il convient d'être très précis mais de rester au niveau macro, pour éviter les questions hors sujet.

1.2.3 L'organisation du projet

Définir l'organisation type du projet est l'un des points les plus importants. La présentation de l'équipe projet et l'organisation retenue vont retenir toute l'attention de l'assistance. Il est primordial qu'il n'y ait à ce niveau aucune ambiguïté ou réticence de la part d'un acteur. Cette étape clarifie également le découpage des équipes du projet, leur rôle et leurs responsabilités. Par exemple :

- L'équipe décisionnelle, composée des membres décisionnaires de l'entreprise, a pour rôle d'arbitrer sur les différents choix proposés.
- L'équipe graphique représentée par les services marketing et communication de l'entreprise ou du prestataire a en charge la partie graphique du site web. Elle doit s'assurer que la charte graphique du site Web ainsi que son animation s'inscrivent bien dans la ligne "communication" de l'entreprise.
- L'équipe éditoriale regroupant les différents acteurs producteurs de contenu doit s'assurer que leurs services respectifs peuvent produire les contenus attendus, sous la forme définie.
- L'équipe technique, représentée par la DSI ou le service technique du prestataire, a en charge l'intégration des technologies requises et la mise en place de l'architecture nécessaire.
- L'équipe de production garantit la disponibilité du site Internet et de ses contenus.

Chaque équipe et chaque rôle doivent être bien définis. Cette organisation conditionnera les futures réunions et justifiera les convocations des uns et des autres. Ces équipes définies, des comités de suivi spécifiques peuvent être constitués. Il est fréquent que certains services se retrouvent dans deux équipes projet. L'équipe communication par exemple peut avoir en charge le graphisme et la publication de contenu.

1.2.4 Les risques identifiés

Comme chaque projet, le projet web comporte des risques. Il est important de les identifier le plus tôt possible. Il faut commencer par identifier tous les risques par poste (financiers, techniques, organisationnels, sociaux, décisionnels) et également par processus d'alimentation de données (bases de données, flux externe, etc.). Pour chaque risque identifié, il faut estimer la gravité du risque (impact, dommages, conséquences) et sa probabilité de réalisation. Ensuite, pour chaque risque il faut proposer des solutions pour éliminer le risque, limiter les effets du sinistre potentiel ou en cas de risque aigu, la révision du projet afin de contourner ce risque.

Il faut également identifier les points critiques. Ce sont les dates ou moments durant lesquels le projet est le plus exposé aux risques identifiés. La vigilance devra alors être accrue.

1.2.5 Les facteurs clés du succès

Les facteurs clés du succès mettent en évidence les tâches et les actions à mettre en œuvre pour optimiser la réalisation du projet. Par exemple, rapprocher physiquement deux compétences ou la mise en place d'une plate-forme dédiée peut permettre de réduire les circuits d'échange ou de validation.

1.2.6 Le planning

À ce stade du projet, le planning n'est pas encore détaillé. Cependant, il peut déjà présenter les principales étapes et les événements clés à moyen et long terme. Parmi ces éléments on peut retrouver la date de mise en ligne, les jalons de validation intermédiaires, la mise à disposition d'un logiciel, de matériel technique mais également des événements de la vie de l'entreprise (salon professionnel, fusion...).

Dans un deuxième temps, il faut planifier les prochaines réunions de l'équipe projet et les livrables intermédiaires attendus.

1.2.7 Le compte rendu de la réunion

Le compte rendu doit être envoyé aux participants, dans les deux jours suivant la réunion puisque la réunion est encore dans les mémoires. En parallèle, les réunions de travail avec les différentes équipes projet (éditoriale, technique, production...) doivent être organisées dans les plus brefs délais.

Le compte rendu doit contenir :

- La date, l'heure et le lieu de la réunion.
- Le type de la réunion (réunion de lancement).
- La liste des participants à la réunion.
- La liste des thèmes abordés.
- Les décisions prises, les actions à entreprendre, les dates d'échéance pour chaque thème.
- La liste des acteurs concernés par ces actions et ces thèmes.
- Le type de la prochaine réunion.
- La date, l'heure et le lieu de la prochaine réunion.
- La liste des thèmes à aborder lors de la prochaine réunion.

2. L'étude préalable

Déclenchée par la note de lancement du projet, l'étude préalable, appelée également expression des besoins, est le premier processus dans la rédaction du cahier des charges fonctionnel. Au cours de cette étude, il est essentiel de définir les limites précises du projet et de procéder à une analyse détaillée de l'existant en faisant un diagnostic et en proposant des améliorations répondant aux enjeux du projet. Il ne faut pas chercher à proposer des solutions techniques à cette étape. La priorité est mise sur l'existant et sur le besoin fonctionnel.

2.1 L'objectif

L'objectif de cette étude est d'analyser l'ensemble des éléments constituant le projet web (graphique, éditorial, fonctionnel, technique...), de recenser l'existant ainsi que les besoins. Le but recherché est de les expliquer, il ne faut, en aucun cas, apporter des débuts de solutions.

Les résultats de cette étude seront soigneusement consignés dans le cahier des charges. Ils doivent être précis, car c'est sur la base de ce cahier des charges fonctionnel que la phase de conception reposera.

Les contraintes fixeront un cadre auquel devra se conformer le produit avant d'exercer sa fonction. Le concepteur sera obligé de les prendre en compte avant de développer la fonctionnalité demandée.

2.2 L'analyse éditoriale

Les internautes viennent sur un site pour connaître l'entreprise, son actualité, son savoir-faire, son activité. Il faut leur présenter facilement ce qu'ils recherchent. Pour cela il s'agit de répertorier les contenus que l'entreprise souhaite communiquer et mettre en place dans l'entreprise une organisation éditoriale pour standardiser, valider puis automatiser la production de ces contenus. Ces contenus sont également une porte d'entrée proposée par les moteurs de recherche.

2.2.1 Les contenus

Le contenu Internet proposé peut être sous forme de texte, de vidéo, de son ou de multimédia. Ce sont ces contenus que les internautes viendront consulter en priorité. Il devient donc primordial pour l'entreprise de maîtriser la publication de ces contenus. Ces contenus étant souvent repris sur différents sites et dans les moteurs de recherche, la pertinence de ceux-ci doit être une priorité absolue pour l'entreprise.

À ce niveau de l'étude préalable, il faut répertorier tous les contenus que l'on veut voir apparaître sur le site et leur fréquence de mise à jour. Il convient de répertorier les contenus existants déjà dans l'entreprise et les nouveaux contenus qu'il faudra produire.

Les contenus peuvent également être syndiqués, c'est-à-dire issus de sites Internet d'autres filiales ou de sites Internet partenaires et affichés sur le site web.

Pour les contenus existants, il faut analyser si ceux-ci et leur mode de production sont adaptés au média Internet et détailler leur format, leur fréquence et leur mode de production.

Pour les nouveaux contenus à produire, le niveau de détail peut se résumer au format et à la fréquence de production souhaitée.

Cette étude permet de référencer les futurs contenus du site en projet et donne une première indication sur la taille du site web.

2.2.2 Le mode de production

Après avoir listé les contenus qui seront présentés sur le site web, il est primordial d'identifier tout de suite les sources de production de ceux-ci. C'est souvent lors de cet exercice que les différents services de l'entreprise qui se retrouveront à produire de l'information prennent conscience de la charge de travail qu'il faudra fournir mais également de leur carence en personnel ou équipement. Les fréquences de mise à jour peuvent alors être ajustées.

Un tableau récapitulatif simple donne une bonne vision d'ensemble et peut servir de référentiel de contenu à l'entreprise. Il sera repris et approfondi lors de la phase de conception.

Contenu	Format	Source	Fréquence	État	Compatibilité Web
Chiffres clés	Texte	Service comptable	Annuelle	Existant	Oui
Pages du site	Texte	Direction de la communication	Quotidienne	Nouveau	
Rapport annuel	PDF	Direction de la communication	Annuelle	Nouveau	

Contenu	Format	Source	Fréquence	État	Compatibilité Web
Communiqué de presse	Texte	Direction de la communication	Hebdomadaire	Nouveau	
Vidéos de présentation des produits	Vidéo	Direction produits	Mensuelle	Existant	Non
Bandeau publicitaire	Flash	Direction marketing	Hebdomadaire	Nouveau	
Valeur de l'action	Flux RSS	Boursorama	Quotidienne	Existant	Oui

2.2.3 Le mode de publication

Produire du contenu c'est bien, le publier en ligne c'est mieux. Ce point doit d'ores et déjà être abordé puisqu'il définit l'organisation éditoriale qui fera vivre le site Internet. En fonction de l'importance du contenu et de la stratégie de l'entreprise, la publication peut être gérée exclusivement dans un service web de l'entreprise, chez un prestataire extérieur ou être confiée à chaque producteur de contenu. Dans ce dernier cas, il faudra certainement envisager la mise en œuvre d'un système de gestion de contenu, souvent appelé CMS (*Content Management System*).

Définir le mode de publication de chaque contenu permet d'apporter une première vision sur l'organisation éditoriale à mettre en place.

2.3 L'analyse fonctionnelle

L'analyse fonctionnelle est la deuxième pièce maîtresse de l'étude préalable. Les internautes viennent sur un site Internet pour son contenu mais également pour l'interaction que celui-ci propose. L'étude fonctionnelle correspond donc au recensement et à la description de tous les éléments qui permettent une interaction entre le site Internet et l'internaute. À ce stade, il convient de lister les principales fonctionnalités que le site proposera et les résultats attendus.

2.3.1 Les fonctionnalités

Les attentes des internautes ont évolué avec le temps. Lorsqu'ils visitent un site Web aujourd'hui, ils s'attendent à ce que celui-ci leur offre un certain niveau d'interaction. Les fonctionnalités d'un site sont les options ou caractéristiques disponibles sur celui-ci. Par exemple : l'ajout d'un formulaire de contact, d'un outil d'administration, d'un catalogue de produits, d'un espace privé ou encore des téléchargements.

Une fonctionnalité est une action interactive qui est possible entre le site Internet et l'internaute, mais également entre le site Internet et les différents services de l'entreprise. De plus en plus, les sites Internet interagissent avec l'entreprise, que ce soit pour la consultation des statistiques de visites, la publication du contenu ou l'enregistrement comptable d'une commande en ligne.

Chaque fonctionnalité désirée doit être exprimée exclusivement en termes de finalité. Comme pour l'analyse éditoriale, à ce stade, il ne faut pas apporter un début de solution, mais juste décrire la fonctionnalité et la finalité de celle-ci.

Il est préférable de dissocier les fonctionnalités à destination des internautes et les fonctionnalités à destination de l'organisation interne. La notion d'importance permettra par la suite de les prioriser. L'importance peut, par exemple, s'étaler sur une échelle de 1 à 4 (1 indispensable, 2 important, 3 secondaire, 4 mineure).

La liste des fonctionnalités souhaitées est importante car c'est d'après celle-ci que le prestataire ou le service chargé de la conception étayera sa solution technique. La liste des fonctionnalités est également une base pour le chiffrage des développements.

La synthèse à l'intérieur d'un tableau est fortement conseillée.

Fonctionnalité	Destinataire	Descriptif	Importance
Mesurer l'audience du site	Service marketing	Suivre l'audience du site Internet	1
Envoyer un e-mail	Internaute	Envoyer un e-mail à l'entreprise	1

Fonctionnalité	Destinataire	Descriptif	Importance
Publier du contenu	Service communication	Publier de manière autonome du contenu sur le site web	1
Télécharger le rapport annuel	Internaute	Télécharger le rapport annuel au format PDF	2

2.3.2 La navigation

À moins d'avoir une idée très précise du futur emplacement de la barre de navigation, il est quelquefois bénéfique de laisser l'équipe en charge de la conception faire des propositions de positionnement. En effet, son expertise prendra en compte le format des pages intérieures et la logique de navigation. À ce stade de l'étude, il n'est pas nécessaire de bloquer ce point, cela ouvre souvent de belles possibilités de mise en page.

2.3.3 La page d'accueil

Lors de l'étude fonctionnelle, il faut avoir une idée précise des informations à présenter sur la page d'accueil. À ce niveau, on ne parle pas encore de graphisme ou de mise en page mais uniquement du contenu de celle-ci. Aujourd'hui, les internautes ne transitent plus nécessairement par la page d'accueil, ils accèdent directement au contenu des pages internes via les moteurs de recherche. Celle-ci doit être une page qui répond immédiatement aux questions habituelles de la plupart des internautes : "À qui est ce site web ?", "Quel est leur métier ?" et "Que proposent-ils ?".

Il est d'usage de faire figurer sur la page d'accueil, en plus de la barre de navigation, des raccourcis vers les contenus intérieurs à forte valeur ajoutée. Dans le cadre d'une refonte de site Internet, l'analyse des rapports d'audience de l'ancien site indique les informations les plus recherchées. Le but étant de fournir le plus rapidement l'information à la personne qui la recherche. Comme la page d'accueil est en quelque sorte la vitrine du site Internet, c'est à cet endroit que l'on peut créer une animation commerciale, mettre en avant son cœur de métier ou les promotions en cours. Il faut élaborer à cette étape le format (animation Flash, JavaScript, texte), la taille de l'encart consacré et sa fréquence de mise à jour.

2.4 L'analyse ergonomique

Parmi les critères de réussite d'un site Internet, l'ergonomie ou plutôt la webergonomie de celui-ci est prépondérante. Au-delà de l'aspect graphique, un site Internet doit être disponible pour tout type de matériel, pour tous les utilisateurs (y compris les personnes présentant un handicap) et être facile d'utilisation. Certains sites web qui connaissent un grand succès ont fait de l'ergonomie leur priorité. Ainsi, Google s'est rapidement imposé sur le marché des moteurs de recherche avec une page d'accueil très simpliste mais avec l'accent mis sur la pertinence et la rapidité d'affichage de ses résultats.

2.4.1 La compatibilité avec tout type de matériel

Une page Internet peut être affichée différemment en fonction du matériel sur lequel le site est consulté. Parmi ces différences, on trouve le navigateur (Internet Explorer, Firefox, Chrome, Safari, Opera), le système d'exploitation (Windows, Mac OS, Linux), la taille et la résolution d'écran, le type de connexion Internet (ADSL, modem), le type d'appareil (ordinateur, smartphone, tablette tactile, etc.), les plug-ins et logiciels installés. Il est quasiment impossible de concevoir un site Internet optimisé pour toutes les plates-formes informatiques et leurs caractéristiques. Il conviendra, à ce stade de l'étude, de définir dans le cahier des charges pour quelle définition d'écran le site sera réalisé. L'objectif doit être de l'optimiser pour une certaine configuration, et de le rendre compatible avec la plupart des autres.

Si un site web respecte la norme W3C, il ne posera pas d'obstacles à l'interprétation du code par les différents navigateurs compatibles. Le respect de cette norme doit être obligatoirement stipulé dans le cahier des charges, c'est un gage de qualité.

2.4.2 L'accessibilité à tous les utilisateurs

Il est de bonne pratique de rendre accessible un site Internet à tous les utilisateurs, que ceux-ci soient malvoyants, non voyants ou présentent un autre handicap rendant la navigation différente.

Le développement d'un site Internet devra donc suivre les normes internationales (W3C, WCAG 2.0) qui fixent les standards de l'accessibilité.

Ce n'est pas obligatoire, mais pour évoluer vers un Web équitable, il faut imposer cette pratique dans les cahiers des charges.

Plus d'informations : http://www.w3.org/TR/WCAG20/.

2.4.3 La facilité d'utilisation

Les créateurs de site Internet se sont penchés sur la facilité d'utilisation (ou utilisabilité) des sites Internet au début des années 2000. L'ouvrage de Jakob Nielsen (grand "gourou" de l'ergonomie Internet) *Designing Web Usability* fut un manifeste qui vantait la pratique de la simplicité.

Aujourd'hui, ses préceptes sont toujours d'actualité et l'utilisabilité est devenue une démarche incontournable pour la réussite d'un site web.

Les principaux critères d'utilisabilité d'un site Web sont les suivants :

- **la navigation** : elle doit être intuitive et les internautes doivent en comprendre rapidement la logique. Il est impératif de respecter sur l'ensemble du site le même principe de navigation.
- **le contenu** : il doit être rédigé spécifiquement pour le web. Il faut limiter la longueur des textes et reléguer dans des pages auxiliaires les informations secondaires.
- **les performances du système** : à chaque fois que le site Internet affiche un contenu multimédia (Flash, vidéos) ou propose un téléchargement, il est primordial d'accorder la priorité à la vitesse d'affichage. Il faut en permanence rechercher le meilleur compromis entre la qualité et la performance.
- **la sécurité** : l'internaute, à juste titre, a besoin d'être rassuré sur sa sécurité sur Internet. Lorsque l'on met en place une fonctionnalité qui peut paraître suspecte aux internautes, il faut les rassurer sur l'utilisation de celle-ci. On doit toujours laisser le choix à l'internaute avant de lui imposer un téléchargement ou une mise à jour d'un navigateur ou d'un plug-in.
- **le support client** : surtout vital pour les sites marchands, il est malgré tout recommandé pour les autres sites web. En effet, communiquer sur les coordonnées d'un support client permet de rassurer le client, mais aussi d'offrir un service client digne de ce nom.
- **le design** : il doit être adapté à la cible recherchée. Lors de la réalisation graphique, il faut se poser la question : cela n'effrayera-t-il pas ma cible ? Car même si cela plaît beaucoup à l'équipe en charge de la validation, il ne faut pas perdre de vue que cela doit plaire d'abord à l'internaute.

Chaque élément sera à prendre en considération à chaque étape de conception du site. Il faut se poser la question de savoir si la page ou la fonctionnalité répond à ces critères.

2.5 L'analyse graphique

Sur le web, le design d'un site est le premier contact d'un client potentiel avec l'entreprise. Son rôle est donc majeur, il ne doit pas repousser l'internaute en présentant un contenu trop lourd. À la fois, le design doit être cohérent avec l'image de l'entreprise, utiliser des codes couleur appropriés et être un relais visuel rassurant dans la continuité des autres modes de communication.

2.5.1 Les éléments de l'entreprise

Il faut répertorier tous les éléments graphiques dont dispose l'entreprise et qu'elle souhaite voir repris ou déclinés sur le site Internet. Parmi ces éléments, figurent le logo, les couleurs dominantes et les codes couleur de l'entreprise ou du secteur d'activité, des photos de l'entreprise et la charte graphique de l'entreprise, si elle existe.

Après son inventaire, l'entreprise devra donner l'orientation graphique du site web. Il faudra présenter l'entreprise et son secteur d'activité et expliquer les codes graphiques habituellement utilisés. Ainsi les orientations graphiques d'un site pour une banque ne seront pas les mêmes que celles d'un site d'e-commerce. Ensuite l'entreprise mettra l'accent sur le ou les messages qu'elle souhaite véhiculer. Le choix de ces messages aura une influence sur le choix des couleurs dominantes.

Enfin, il est nécessaire de définir précisément la cible visée. En effet, chaque cible peut répondre à des codes couleur propres.

2.5.2 Le brief graphique

Le résultat de cette étude doit aboutir à un cadre précis à destination de l'équipe graphique qui aura en charge la conception graphique du site web. Forte de ce brief graphique, la cellule graphique ne perdra pas son temps à produire des éléments graphiques hors contexte qui peuvent avoir des répercussions sur le budget et sur le planning.

À la fin de l'étude graphique, l'entreprise joindra au cahier des charges un brief graphique recensant tous ces éléments.

Si l'entreprise dispose de ressources graphiques au sein de ses équipes, il est important de les recenser et de stipuler clairement le rôle précis de ces ressources.

2.6 L'analyse technique

Même si la maîtrise d'ouvrage n'est pas spécialement qualifiée pour orienter les choix techniques, il convient toutefois dans cette étape, non pas de rentrer dans le détail de la future architecture technique du site web, mais de répertorier les équipements présents dans l'entreprise, l'interaction que le site pourra avoir avec un système d'information existant et les ressources présentes dans l'entreprise.

2.6.1 Les éléments clés

Le mieux pour aborder les éléments techniques lorsque l'on n'est pas technicien est de se contenter de répondre à quelques questions cibles.

- **L'hébergement** : le site sera-t-il hébergé sur un serveur de l'entreprise ou sur un serveur externe ?
- **Le nom de domaine** : quel nom de domaine a été déposé ou doit l'être ?
- **Les connexions sécurisées** : le site devra-t-il proposer une connexion sécurisée avec mot de passe ?
- **Le stockage des données** : le site Internet sera-t-il connecté à une base de données métier ou documentaire ?
- **Les e-mails** : comment les e-mails envoyés depuis le site seront-ils traités ?
- **La technologie** : l'entreprise s'oriente-t-elle vers des technologies open source ou de licence ? A-t-elle une technologie dominante au sein de son Système d'Information ?
- **La maintenance** : qui s'occupera de la maintenance technique des sites Web ?
- **Les ressources internes** : l'entreprise dispose-t-elle de ressources techniques internes compétentes ?
- **La mise à jour** : comment se fera-t-elle (base de données, client FTP ou délégation) ?
- **L'intégration de l'existant** : y a-t-il des données à migrer dans le nouveau site ?

2.6.2 Le schéma technique détaillé

Si l'entreprise souhaite une interaction de son système d'information avec le site Internet, elle devra fournir un schéma détaillé de son système d'information dans lequel elle détaillera son architecture matérielle actuelle et le standard d'échange de données.

2.7 L'analyse réglementaire

Les sites Internet doivent être conformes à la législation et aux obligations réglementaires liées au statut ou au domaine d'activité de l'entreprise. Il est important d'en prendre connaissance dès le début du projet. Ces obligations, si elles ne sont pas respectées, peuvent entraîner de lourdes conséquences pénales et financières, sans parler de la perte de crédibilité et de l'image de marque. Si un site Internet est conséquent ou dans un domaine réglementé, il peut être préférable de déléguer la mise en conformité juridique du site web à un service ou un prestataire qualifié.

2.7.1 Le nom de domaine

Le nom de domaine est l'adresse Internet à laquelle les internautes se rendent pour visiter le site. Trouver un bon nom de domaine peut vite s'avérer fastidieux. Cette URL, autrement nommée adresse Web, doit être facilement mémorisable par les internautes, ne pas être trop courte (3 caractères minimum), ne pas être trop longue (63 caractères maximum), ne pas comporter d'accents, d'espaces, de caractères spéciaux ou de points. La casse n'est pas prise en compte pour les noms de domaine. Une fois choisi le nom de domaine, il faut lui associer une extension. Même si la plus célèbre reste le .com, avec plus de 90 millions de noms de domaine enregistrés, il existe plus de 300 extensions possibles. Ces extensions sont organisées en deux grandes familles :

- **les régionales**, qui correspondent au code pays sur deux caractères défini par l'ONU. Chaque pays possède sa propre extension (.fr pour la France, .be pour la Belgique, .de pour l'Allemagne, etc.) ;
- **les génériques**, qui permettent une présence plus internationale (.com, .org, .net, .eu, .info, .biz, etc.).

Pour enregistrer un nom de domaine, il faut vérifier sa disponibilité puis suivre la procédure de dépôt. Attention toutefois, certaines extensions nécessitent des justificatifs pour pouvoir effectuer le dépôt.

Le dépôt du nom de domaine a un coût (souvent annuel) plus ou moins élevé en fonction de l'extension.

Afin de protéger son identité Internet, il est recommandé de déposer son nom de domaine avec un maximum d'extensions. Attention, le fait de posséder les extensions d'un nom de domaine ne rend pas propriétaire de la marque. Il faut déposer sa marque auprès de l'INPI (*Institut National pour la Protection Industrielle*) pour en être réellement propriétaire.

Lorsque le nom de domaine sera déposé auprès des bureaux d'enregistrement, il faudra renseigner l'adresse du serveur vers lequel le nom de domaine devra pointer. Ces bureaux d'enregistrement se chargeront d'effectuer les démarches auprès de l'AFNIC ou de l'INTERNIC (les deux centres de gestion des noms de domaines). Les coordonnées seront ensuite publiées avec le nom de domaine dans l'annuaire "WHOIS". Cet annuaire "qui est-ce ?" centralise tous les noms de domaine ainsi que leur propriétaire. Un nom de domaine peut être racheté à une tierce personne l'ayant déjà déposé, ou vendu.

Un nom de domaine n'est pas acquis définitivement, il est loué pour une période donnée. Après sa période de location et sans renouvellement, le nom de domaine retombe dans le domaine public et peut être repris par une autre personne. Il est conseillé de mettre en place auprès de son bureau d'enregistrement un renouvellement automatique afin d'éviter toute mésaventure.

Plus d'informations sur www.afnic.fr (pour les .fr et .re) et sur www.internic.net (en anglais).

2.7.2 La CNIL

La mission de la Commission nationale de l'informatique et des libertés (CNIL) est de veiller au respect de l'identité humaine, de la vie privée et des libertés des personnes dans le domaine numérique. Elle exerce un pouvoir de contrôle et de sanctions auprès des responsables de traitement qui ne respectent pas la loi informatique et libertés.

La déclaration auprès de la CNIL n'est obligatoire qu'à partir du moment où le site Internet collecte des données personnelles en vue de les traiter. Les informations personnelles sont les noms, les adresses électroniques, les adresses postales, les numéros de téléphone...

Les obligations imposées par la CNIL aux sites Internet collecteurs de données personnelles sont :

- La sécurité des fichiers collectés : le propriétaire du site Internet doit mettre en œuvre toutes les mesures nécessaires (sécurité des locaux, des serveurs...).
- La confidentialité des données collectées : les données collectées ne sont destinées qu'au seul destinataire identifié auprès de la CNIL. Toute communication d'informations personnelles à des personnes non autorisées est punie.
- La durée de conservation : les données collectées ne peuvent être stockées au-delà de la période déclarée auprès de la CNIL.
- L'information des personnes : le site Internet doit permettre à l'internaute de pouvoir exercer pleinement ses droits, au moyen d'une information accessible en ligne.
- La finalité des traitements : la collecte d'informations personnelles doit être cohérente avec l'usage qui en sera fait.

Afin d'alléger ses obligations de déclaration auprès de la CNIL, il est possible de désigner un correspondant informatique et libertés au sein de son entreprise. Il est le correspondant avec la CNIL, il doit veiller au respect des dispositions de la loi informatique et libertés et tenir un registre des traitements de données.

Le site Internet de la CNIL (www.cnil.fr) est clair et très bien détaillé, avec toutes les informations nécessaires notamment les formulaires de déclaration et des modèles de mentions légales à intégrer dans un site Internet.

2.7.3 La loi pour la confiance numérique (LCEN)

La loi pour la confiance numérique (Loi 2004-575 du 21 juin 2004, JO du 22 juin 2004) a défini un cadre juridique précis de l'Internet et du commerce électronique, en clarifiant les règles à la fois pour les consommateurs et les prestataires. Elle concerne donc l'ensemble des professionnels d'Internet.

Les points clés de cette loi sont :

- La liberté individuelle de communiquer sur Internet si les contenus respectent la dignité de la personne humaine, la liberté et la propriété d'autrui et ne nuisent pas à l'ordre public.
- La limitation des responsabilités des hébergeurs de contenu en ligne publié par les internautes sous certaines conditions.

- Les informations devant obligatoirement figurées sur les sites Internet professionnels ou non professionnels et sur les sites marchands.
- L'utilisation de la prospection directe par voie de courrier électronique, qui est soumise au consentement des personnes dont les coordonnées ont été recueillies.

Le texte de loi figure dans son intégralité sur http://www.legifrance.gouv.fr.

2.7.4 Le code de la propriété intellectuelle

Créées par la loi n°92-597 du 1er juillet 1992 relative à la propriété intellectuelle, les dispositions du code protègent les droits des auteurs sur toutes les œuvres de l'esprit. Le code de la propriété intellectuelle s'applique aux livres, conférences, compositions musicales, œuvres cinématographiques, dessins, créations graphiques, œuvres photographiques, illustrations, plans et logiciels.

Il est important d'avoir le réflexe de se renseigner sur l'exploitation des photos, des illustrations ou des reprises de contenu qui sont publiées sur le site. Les contrats signés avec les prestataires doivent clairement définir les conditions d'exploitation des images.

Une fiche pratique est disponible sur le site : http://www.industrie.gouv.fr/guidepropintel/fiches_pratiques/le_droit_d_auteur.htm.

Il est fréquent désormais de trouver des photos ou contenus soumis aux licences Creative Commons. Ces licences répondent à des règles très précises.

Plus de détails sur ces licences sur www. creativecommons.org (site en anglais).

2.7.5 Le droit à l'image

Le droit à l'image des personnes est désormais bien connu de tous. En effet, pour la protection de la vie privée, la diffusion d'une image d'une personne nécessite obligatoirement de sa part une autorisation de diffusion écrite. Toutefois, cette autorisation n'est pas nécessaire s'il s'agit d'une photo de foule ou de manifestation et si cela reste dans le cadre de l'information.

Pour les personnalités publiques, dans le cadre de leurs activités publiques ou professionnelles, l'autorisation de publication n'est pas nécessaire si l'image reste dans un cadre de l'information et ne nuit pas à l'image de la personnalité publique.

Bien moins connu que le droit à l'image des personnes, il existe un droit à l'image des biens. C'est un droit qui est réservé aux propriétaires et qui protège le propriétaire de l'exploitation abusive ou négative de l'image de son bien.

2.8 L'analyse marketing

Le site web est un outil de marketing et de communication à part entière. À ce titre, connaître les habitudes de visites de ses visiteurs et parvenir à se positionner sur les moteurs de recherche est devenu stratégique pour l'entreprise.

2.8.1 Le référencement

Afin d'être visible sur Internet, il faut de nos jours réussir à se positionner auprès des moteurs de recherche sur des mots-clés stratégiques pour l'entreprise.

Le référencement naturel est gratuit. Le principe repose sur la pertinence entre le contenu du site Internet et un mot-clé précis. Les règles de ce référencement sont tributaires de l'algorithme retenu par les moteurs de recherche. Un ensemble de bonnes pratiques ne garantira pas d'être obligatoirement présent dans les dix premiers résultats de la page du moteur, mais donnera la possibilité d'y être. Le référencement naturel est un travail constant qui s'inscrit sur le long terme. Pour avoir des résultats probants, il convient souvent de confier cette tâche à un spécialiste, qui s'engage à une obligation de résultat.

Le référencement payant quant à lui offre la possibilité d'acheter des mots-clés, avec un modèle de facturation fondé sur le nombre de clics. Le prix unitaire de ce mot-clé fluctue en fonction de la demande et fait l'objet d'une cotation quotidienne. Les résultats sont assez représentatifs et peuvent constituer un très bon support marketing en fonction du mot choisi. Cette solution coûteuse s'inscrit généralement dans le cadre d'un lancement de site Web ou lors d'une campagne marketing.

2.8.2 Les statistiques

La mise en place d'un outil qui mesure l'audience du site web est devenue quasi obligatoire si l'on veut suivre l'évolution et l'intérêt que suscite le site web auprès de la communauté cible. Il existe des solutions gratuites et des solutions payantes. La solution à retenir est celle qui corresponde le mieux au niveau d'exigence de profondeur des résultats que l'entreprise souhaite obtenir.

La mise en œuvre consiste en général à inclure dans le code des pages un script de type JavaScript qui collecte et stocke sur un serveur les informations contenues dans le navigateur de l'internaute.

Parmi celles-ci figurent le type d'équipement, la résolution d'écran, la situation géographique mais également la provenance (moteur de recherche, mot-clé saisi, lien cliqué, accès direct), le temps passé sur le site et le type de contenu consulté.

Ces informations sont une richesse pour les équipes marketing et communication qui pourront modifier l'architecture du site web ou le positionnement de certains contenus stratégiques à partir de l'analyse de ces données.

2.9 L'analyse qualitative

Il est nécessaire que la dimension qualitative du projet apparaisse dans le cahier des charges. Sans règles précises et bien expliquées, les acteurs passeront leur temps à chercher les informations sur le projet, sur l'état d'avancement mais également sur les niveaux de validation et les rôles de chacun.

2.9.1 L'analyse du risque

Plus un risque est détecté tardivement, plus ses conséquences peuvent être graves et difficilement réversibles.

L'analyse du risque permet aux principaux acteurs concernés de mieux appréhender les dangers inhérents au projet, de mieux les maîtriser tout au long du cycle de vie du projet et d'en réduire les effets sans pour autant les éliminer totalement.

Il est important que les responsables ne focalisent pas leur attention sur le risque délai, perdant de vue les objectifs de coût et de performance ainsi que l'importance de la gestion des ressources.

Après avoir recueilli les informations disponibles (listes des tâches, acteurs du projet, ébauche de planning, dates significatives, jalons), il faut construire un premier planning compatible avec l'objectif délai, mettant en évidence plusieurs chemins critiques (enchaînement d'étapes et d'obligations incontournables). La principale difficulté consiste à amener les acteurs à raisonner en termes de début et fin, de "au plus tôt", "au plus tard", de durée probable.

La validation par l'ensemble des acteurs des prestations, de leur responsabilité et proposition de jalons permet un pilotage plus précis des tâches.

L'analyse qualitative permet des actions préventives pour éliminer les risques identifiés avec un suivi intégré dans le planning et des plans d'action préparés pour une mise en application immédiate dans le cas d'un risque potentiel qui se confirmerait.

Il faut noter l'importance des jalons et de l'utilisation du planning pour animer et piloter les séquences, ainsi que le caractère indispensable de la construction préventive de plans d'action, véritables scénarios catastrophe qui permettent de tenir le délai final sans panique.

2.9.2 La gestion documentaire

La documentation du projet web est une pièce maîtresse de la qualité de la conduite de projet. Tout au long de la durée de vie du projet, à chaque étape, la documentation va s'enrichir. La communication entre les acteurs du projet doit être limpide mais pas étouffante.

Chaque acteur doit avoir accès en toute liberté à la zone de partage où est centralisée toute la documentation projet (étude de faisabilité, réunion de lancement, cahier des charges, spécifications fonctionnelles, reporting, etc.) ainsi que le planning projet en cours de vie.

2.9.3 Le pilotage du projet

Le chef de projet web doit avoir à sa disposition plusieurs outils qui lui permettent de piloter et de suivre le projet à sa manière. Pour cela il est important de s'assurer que l'ensemble des informations du projet est à sa disposition et qu'il n'existe pas de réunions stratégiques auxquelles il n'est pas convié.

Il convient également de s'assurer de la cohérence de l'organisation du projet (acteurs, rôles, comité de suivi, réunions, etc.) avec les disponibilités de chacun.

2.10 L'analyse organisationnelle

Cette analyse met l'accent sur les moyens humains qui seront directement ou indirectement impactés par la mise en œuvre du projet web. Au-delà des moyens humains, il est fréquent que l'organisation même des services de l'entreprise s'en trouve impactée.

Dans un premier temps, il est nécessaire de recenser l'ensemble des personnes de l'entreprise qui seront impactées directement ou indirectement par le site web.

Certains services seront acteurs de premier niveau car ils auront un rôle actif dans l'existence du site web (marketing, communication, commercial, informatique) ou un rôle passif, puisqu'ils connaîtront une augmentation de charge de travail notamment due au site web (comptabilité, achat, juridique, etc.).

Après ce recensement, il est impératif de rencontrer l'ensemble des acteurs (actifs et passifs). Ces entretiens permettront de fédérer toute l'entreprise autour du projet. La conduite de ces entretiens permet d'anticiper les risques organisationnels et d'envisager une organisation type. Si la mise en place d'une nouvelle organisation est nécessaire, seule la direction générale de l'entreprise sera en mesure de prendre en charge cette fonction.

2.11 L'analyse de l'existant

Beaucoup d'entreprises ont aujourd'hui un ou plusieurs sites web. Le contenu et les fonctionnalités de ces sites web sont souvent directement liés avec le Système d'Information de l'entreprise. Au-delà de l'existant éditorial, il convient de s'intéresser à l'existant fonctionnel, organisationnel et technique. Il convient d'identifier clairement les différents éléments qui doivent impérativement être repris dans le nouveau site web.

Les contenus éditoriaux de l'entreprise (plaquettes commerciales, rapports d'activité, chiffres clés) doivent être recensés. Ils seront ensuite classés par service de production ou d'émission. Enfin, après avoir identifié les contenus qui seront publiés sur le site web, il faut s'interroger sur la compatibilité de leur forme actuelle avec le média Internet et identifier les contenus qui devront être adaptés.

L'organisation actuelle de l'entreprise doit être cartographiée. À partir de cette représentation, le chef de projet web pourra imaginer le mode de fonctionnement de cette organisation lorsque le site web sera en ligne. Cette simulation permet de se projeter dans une organisation type.

L'entreprise utilise certainement déjà des applications informatiques. Le recensement de celles-ci permet d'identifier les risques de doublons de fonctionnalités. Il faut dans ce cas lister, pour chaque application, ses fonctionnalités (que fait-elle ?), les finalités (pour quoi faire ?), les utilisateurs finaux (pour qui ?) et les contributeurs (par qui ?).

Enfin, l'analyse technique de l'existant notamment par le biais d'une cartographie détaillée du Système d'Information permet de positionner le site web dans ce système et de déterminer les connexions avec celui-ci. La technologie dominante dans ce Système d'Information peut avoir un rôle prépondérant dans le choix de la nouvelle solution.

2.12 La planification

À cette étape du projet, il ne faut s'en tenir qu'au macro-planning d'avant conception. C'est-à-dire qu'après avoir découpé les phases du projet en différents lots, il faut estimer et planifier la phase d'analyse, les délais de réponse des différents prestataires, les délais de validation et de choix des prestataires retenus. Cette planification permet de poser les premiers jalons du projet web.

Les plannings de conception et de réalisation viendront compléter et affiner ce macro-planning un peu plus tard dans le projet.

2.12.1 Les lotissements

Comme on le ferait pour la construction d'une maison, il convient d'énumérer l'ensemble des livrables attendus. Il faut ensuite les regrouper par lot. Pour chaque lot, il faut déterminer ce qui sera réalisé en interne et ce qui sera sous-traité.

2.12.2 Le macro-planning

Le macro-planning doit avant tout faire ressortir les jalons importants du projet, tels que la date limite pour répondre aux appels d'offres, les prises de décision, la date limite pour la rédaction du cahier des charges, les dates limites pour les signatures des contrats, la date de début de la phase de conception.

3. Le cahier des charges

Le cahier des charges est peut-être le document le plus important du projet web. Malgré tout, il est fréquent de constater que ce document est soit trop détaillé, soit pas assez. Dans la version initiale, il n'est nullement nécessaire de fournir des approches de solutions techniques, technologiques ou fonctionnelles. Celles-ci seront détaillées ultérieurement et consignées dans des documents spécifiques qui seront annexés au cahier des charges. Le cahier des charges est contractuel et sert de document de référence en cas de litige. Il doit détailler les travaux attendus et les conditions du déroulement de ceux-ci.

En interne, le cahier des charges permet de formaliser le besoin et de valider le besoin et l'organisation du projet.

Le cahier des charges est rédigé par la maîtrise d'ouvrage dans un langage non technique et est à destination de la maîtrise d'œuvre (celle-ci peut être interne ou externe à l'entreprise). Il sera annexé au contrat de prestation le cas échéant.

3.1 Les éléments clés

La rédaction du document est fonction du projet web et de l'entreprise, il y a toutefois un minimum d'éléments clés que le cahier des charges doit contenir.

3.1.1 La présentation de l'entreprise et de son organisation

Il est important de présenter l'entreprise, ce qu'elle fait et comment elle est organisée. Tous ces éléments seront d'autant plus les bienvenus si la conception et la réalisation sont confiées à des prestataires extérieurs.

3.1.2 Le contexte

Il s'agit de décrire le contexte qui fait que l'entreprise décide de lancer le projet web. Dans un deuxième temps, on peut développer le contexte Internet de l'entreprise : l'historique et l'existant.

3.1.3 Les objectifs du projet web

Cette rubrique doit donner une description du projet, préciser les objectifs poursuivis et présenter les résultats de la phase d'analyse.

Pour chaque lot du projet web, il convient de préciser les livrables attendus.

Lot graphique :

Intitulés	Livrables attendus
Charte graphique	Réalisation de la charte graphique du site Internet en tenant compte de la charte graphique de l'entreprise
Logo	Déclinaison du logo actuel pour la création d'un logo dédié à Internet

Lot technique :

Intitulés	Livrables attendus
Hébergement	Héberger le site web sur un serveur en haute disponibilité (24h/24, 7j/7) et pouvant répondre à 2000 connexions simultanées
Développement	Pour coller aux existants techniques de l'entreprise, le site web devra être développé dans des technologies Microsoft (ASP, DotNet...)

3.1.4 Les éléments fonctionnels et techniques

Il faut décrire les fonctionnalités du site web. Pas besoin d'avoir un niveau de détail très poussé. En effet pour le cahier des charges, on se contentera de décrire ce que l'on attend du site en termes d'interactions client/site (formulaire, téléchargements, etc.) et contributeur/site (interface d'administration, réception d'e-mail, etc.). Dans la liste, chaque fonctionnalité doit être complétée par une description de l'interaction attendue. Par exemple, un formulaire de contact permet à l'internaute d'envoyer un message ou au service clientèle ou au service après-vente (fonctionnalité 1). Ce formulaire sera ensuite transmis au service interne de l'entreprise sous forme d'e-mail (fonctionnalité 2).

Il faut ensuite aborder les contraintes à respecter en matière d'accessibilité, de standards de développement (normes W3C), de compatibilité d'affichage, de navigation, de sécurité.

Une description détaillée des différents éléments de l'existant qu'il faut intégrer viendra compléter ce paragraphe.

3.1.5 Le planning, le budget, la qualité et l'organisation du projet

Dans le cahier des charges, il convient dans un premier temps de présenter le planning général du projet. Les grandes phases du projet seront ensuite présentées individuellement et de façon détaillée.

Pour chacune des phases, il faut préciser le planning (faisant apparaître les différents jalons du projet), les lots qui lui sont rattachés, les livrables attendus ainsi que le budget accordé. En termes de budget, mieux vaut jouer la transparence. En effet, le budget alloué aura directement un impact sur la solution proposée.

Il convient également de présenter l'organisation du projet en détaillant la composition et les rôles précis du comité de pilotage, du comité projet, de la maîtrise d'ouvrage. Le directeur et le chef de projet web doivent être cités nommément et leurs coordonnées suffisamment détaillées pour être joignables.

Enfin, il faut préciser la forme et le niveau de qualité qui seront attendus des documentations et informations.

3.1.6 Les éléments juridiques

Puisque le cahier des charges est contractuel et finalement donnera lieu à la signature d'un contrat de prestation, il est préférable d'inclure dès le départ les éléments juridiques importants.

Tout d'abord, les modalités de paiement (acompte, facture, pénalités de retard, etc.) doivent être précisées. Ensuite, il faut stipuler les clauses de cession de droits de propriété (textes, images, etc.) et les modalités de livraison et de validation des livrables (PV de recette, PV de réception, etc.).

3.1.7 Les annexes

Il est nécessaire, pour alléger la lecture du cahier des charges, de mettre en annexe les éléments autonomes, tels que la charte graphique de l'entreprise, une cartographie du Système d'Information, une plaquette de présentation de l'entreprise, les obligations réglementaires et juridiques du projet, une cartographie de l'existant organisationnel et/ou éditorial.

Chapitre 5
La phase de conception

1. L'appel d'offres

Une fois le cahier des charges rédigé puis validé par les acteurs du projet, il convient de procéder au lancement de l'appel d'offres auprès des prestataires.

Le lotissement du projet détaillé dans le cahier des charges permet de recenser plus facilement les prestataires auprès desquels l'appel d'offres sera diffusé.

Une analyse précise des réponses aboutira au choix du ou des prestataires avec qui l'entreprise travaillera pour réaliser le projet web.

1.1 L'identification des prestataires

Lors de la rédaction du cahier des charges et notamment dans le lotissement du projet, les tâches à confier aux prestataires se sont dessinées. On doit savoir à ce niveau ce que l'on va confier à des prestataires extérieurs et ce que l'on attendra d'eux concrètement. Si l'entreprise ou le chef de projet web ne maîtrise pas tout à fait cet exercice, il est conseillé de recourir à une assistance à maîtrise d'ouvrage orientée fonctionnelle. Cet expert, rodé à ce genre d'exercice, saura aiguiller l'entreprise et définir les prestataires à consulter.

Avant d'identifier les prestataires, il faut définir le degré d'expertise que nécessite chaque lot du projet. Le critère budgétaire a également son importance. En effet l'entreprise souhaitera toujours le meilleur prestataire au meilleur tarif.

Il est difficile d'être expert dans tous les domaines. Si le projet web est complexe et de grande envergure, il est préférable de confier les lots techniques et les lots graphiques à deux ou trois prestataires distincts. Il n'y aura pas de conflit d'intérêts et l'entreprise tirera le meilleur de chaque équipe. En revanche, un projet web plus petit ou à budget restreint pourra se contenter d'un prestataire unique qui lui offrira une réponse globale pour un coût plus contenu.

L'expérience parlant d'elle-même, il est fréquent qu'une entreprise, après avoir visité un site web qui lui plaît, contacte et retienne le prestataire qui a réalisé celui-ci. Les sites web existants sont d'excellentes cartes de visite qui permettent à l'entreprise de se rendre compte de la qualité du travail fourni.

La disponibilité, la proximité géographique ou la taille de l'équipe mobilisée sont autant de critères de sélection que l'entreprise doit prendre en considération. Les grandes équipes sont souvent plus chères et offrent moins de réactivité que les petites équipes mais sont peut-être plus disponibles et plus pérennes. C'est l'entreprise qui doit définir où positionner le curseur coût/risque.

1.1.1 Les types de prestataires

Il est difficile de faire une liste exhaustive des prestataires tant les besoins sont très variés et le nombre de spécialistes élevés. Il convient toutefois de découper l'offre en quatre grandes familles de compétence : graphisme (logo, charte graphique, animations Flash, etc.), informatique (hébergement, développement, intégration, etc.), communication (contenu, référencement, e-marketing, etc.) et assistance (audits, conseils, ergonomie, sécurité, CMS, etc.).

À chaque besoin pour le projet web, il faut s'interroger sur la compétence que l'on souhaite solliciter et comparer avec les compétences offertes par le prestataire.

Il est très rare de trouver un prestataire qui couvre l'ensemble du spectre des métiers du web. Beaucoup d'entreprises contactent leur prestataire habituel et se contentent de leur offre, même si elle est incomplète.

Or, conduire un projet web c'est avant tout savoir assembler les bonnes compétences au bon moment. Le recours ponctuel à des consultants spécialisés permet de recadrer un projet et de limiter les dérives du planning et du budget mais également de faire les bons choix technologiques ou techniques.

Les sociétés de services et d'ingénierie informatique (SSII) sont en général de grosses structures qui peuvent couvrir l'ensemble des besoins informatiques du projet web. Elles sont spécialisées dans les métiers de l'informatique (architecture technique, développements, intégration). En revanche leur offre ne couvre pas les autres domaines de compétence (graphisme, communication, fonctionnel).

Les cabinets d'audits et de conseils, les consultants indépendants (en free-lance) proposent des profils extrêmement spécialisés qui couvrent l'ensemble des compétences nécessaires pour un projet web (graphisme, audit, technique, sécurité, conduite de projet web, architecture web, CMS, référencement, rédaction de contenu, ergonomie, etc.). Il est fréquent de retrouver les meilleurs profils chez les travailleurs indépendants (free-lance) qui officient sur de courtes missions à très forte valeur ajoutée.

Les agences multimédias, interactives ou web, bien qu'ayant au départ un fort profil graphique, peuvent maintenant couvrir la partie intégration du site web si celui-ci n'est pas interconnecté avec le Système d'Information. Ces agences sont souvent à la pointe des dernières technologies du web et proposent des réalisations graphiques et multimédias très riches.

D'autres agences se sont spécialisées dans le référencement et le marketing Internet.

1.1.2 Le nombre de prestataires

En fonction de la taille du projet web et surtout du budget alloué, l'entreprise peut recourir à un ou plusieurs prestataires.

Pour un petit budget, il est conseillé de s'approprier les services d'une agence web qui proposera une offre globale. Le choix du prestataire se fera en fonction des réalisations qu'il a déjà effectuées.

Si le budget et les attentes sont plus conséquents, il peut être judicieux d'attribuer les lots du projet à différents prestataires. Il ne faut pas hésiter à recourir à quelques jours de prestation d'un consultant indépendant spécialisé pour éclairer les zones d'ombre du projet.

Toutefois, pour chaque lot, il est préférable de s'en tenir à trois ou quatre prestataires en compétition. Il est préférable de perdre un peu de temps dans la sélection des prestataires plutôt que d'envoyer son appel d'offres à tout le monde.

Analyser les réponses de chaque prestataire demande du temps et de la rigueur. En multipliant les destinataires, l'entreprise risque de compliquer sa prise de décision finale et d'oublier ses priorités.

1.2 La rédaction de l'appel d'offres

Après la sélection des candidats, il convient de faire parvenir aux candidats le document de l'appel d'offres. Celui-ci doit clairement expliquer aux prestataires ce que l'entreprise attend, dans quel délai et à quel prix.

Pour l'appel d'offres, par souci de neutralité, mieux vaut jouer la transparence et donner à chaque prestataire le même niveau d'information.

1.2.1 Le plan du document

Même si la forme de l'appel d'offres est différente d'une entreprise à l'autre, le prestataire s'attend à recevoir un minimum d'informations pour étayer son dossier.

- Informations sur l'entreprise : informations sur la taille et l'activité de l'entreprise et/ou de la filiale émettrice de l'appel d'offres.
- Description du site Web et objectifs du projet : aperçu du contexte du projet et principales attentes du projet web, descriptions sommaires des différents lots du projet.
- Public ciblé : description et principales caractéristiques du marché cible (femmes de 18 à 30 ans passionnées de club de sport par exemple).
- Étendue et orientations du projet : exigences techniques, fonctionnelles (technologies imposées, CMS, fonctionnalités, fil d'Ariane), esthétiques (code couleur, logos, largeur des pages) et normes d'accessibilité (code conforme au W3C, normes d'accessibilité).
- Ressources : contenu, images, vidéos, logos déjà disponibles dans l'entreprise.
- Calendrier : temps souhaité par l'entreprise pour livrer le projet en production, délai souhaité par l'entreprise pour répondre à l'appel d'offres, et macro-planning des grandes phases du projet.
- Budget : montant attribué pour chaque lot constituant le projet.
- Équipe projet : les acteurs du projet internes à l'entreprise (chef de projet, maîtrise d'ouvrage, etc.).

- Qualifications : compétences et expériences requises par le prestataire pour prétendre à l'appel d'offres. Il est fréquent de demander une expérience dans tel ou tel domaine et de demander de mentionner des exemples de réalisations.
- Critères d'évaluation : il faut préciser sur quels critères prépondérants la première sélection s'effectuera (l'accent sera mis sur la situation géographique par exemple).
- Exigences relatives au dossier de soumission : il s'agit de préciser ce que l'on attend comme document de la part du prestataire et sous quelle forme (un exemplaire numérique sous format Word et un exemplaire papier par exemple). Afin de faciliter la lecture et l'analyse des réponses, on peut très bien imposer une mise en forme standardisée.
- Confidentialité et droit de la propriété : il est toujours bien de rappeler que le dossier d'appel d'offres est confidentiel et que par conséquent le prestataire est tenu de respecter cette confidentialité. De plus, il ne faut pas oublier de stipuler le transfert du droit à la propriété sur les réalisations livrées.
- Définition des livrables pour chaque lot : il est impératif de définir les livrables attendus à chaque étape (programmes, outils, documentations...). Un premier PV en accusera réception. Suite aux tests, un deuxième PV validera la conformité (ce document est aussi appelé PV de recette).
- Modalités de paiement : elles doivent figurer également sur l'appel d'offres.

1.2.2 Les documents à joindre à l'appel d'offres

Tous les documents pouvant apporter de la clarté sur le projet et ses objectifs doivent être annexés à l'appel d'offres. Il s'agit bien évidemment du cahier des charges, mais aussi d'une plaquette de présentation de l'entreprise, de l'expression des besoins fonctionnels, des directives techniques, technologiques et organisationnelles, des particularités juridiques du projet, de la charte graphique, du schéma technique de l'entreprise, de l'organigramme projet, etc.

1.2.3 L'analyse des réponses

En fonction de la taille du projet, il est préférable de laisser entre quinze et trente jours aux prestataires pour rendre leur réponse. Lorsque les propositions sont réceptionnées, l'entreprise doit analyser les propositions de chaque prestataire pour étayer son choix.

À l'aide de grilles comparatives, la première analyse peut s'effectuer sur dossier. Seuls les candidats répondant au mieux aux exigences pourront soutenir leur dossier lors d'un entretien.

Exemple de grille comparative pour des critères quantitatifs :

Critères	Prestataire 1	Prestataire 2	Prestataire 3	Prestataire 4
Taille de l'entreprise	10	50	5	150
Situation géographique	Île-de-France	Lyon	Île-de-France	Lille
Expérience	5 ans	10 ans	1 an	3 ans
Connaissances du secteur d'activité	Non	Oui	Oui	Non
Ressources dédiées au projet	3	4	2	4
Catégorie	Agence web	SSII	Agence web	SSII
Références clients	Renault, Peugeot, BMW	Société Générale, BNP Paribas, Crédit Agricole	Edmond de Rothschil, Crédit Lyonnais	EDF, SNCF, France Télécom

Exemple de grille comparative pour le lot 1 (lot graphique) :

Critères	Prestataire 1	Prestataire 2	Prestataire 3	Prestataire 4
Délai de conception estimé	10 jours	15 jours	11 jours	12 jours
Coût estimé	15 000 €	12 000 €	17 000 €	10 000 €
Ratio coût/jour	1 500 €/jour	800 €/jour	1 545 €/jour	833 €/jour

Le chef de projet web va donc pouvoir se constituer toutes les grilles comparatives dont il a besoin. Ces grilles tiendront compte des objectifs et priorités du projet web et de l'entreprise. Ces grilles peuvent être d'ordre qualitatif ou quantitatif.

Après avoir comparé les différentes offres au moyen de ses grilles, le chef de projet ne doit pas hésiter à demander des explications supplémentaires aux prestataires en fonction de leurs estimations. Dans l'exemple précédent, il peut interroger le prestataire 2 sur la légitimité des quinze jours de conception alors qu'un autre en prévoit dix.

Enfin, le chef de projet web rédige une note de synthèse à destination des décisionnaires de l'entreprise.

Dans le document, les critères seront pondérés en fonction des priorités du projet. Le prestataire qui correspondra le mieux aux critères prioritaires sera mis en avant. Le chef de projet web conclura sa note de synthèse par sa préconisation. Le choix final et la signature des contrats reviendront aux décisionnaires de l'entreprise.

2. La conception éditoriale

Il faut porter un soin particulier au contenu. Ce n'est pas le site qui doit déterminer le contenu mais le contenu qui détermine la façon dont le site sera construit.

Dans un premier temps, il faut recenser les types de contenus que l'on souhaite mettre sur le site web. Pour cela, il faut tenir compte du contenu que l'internaute attend, de ce qui se fait ailleurs.

Ensuite, pour chaque contenu retenu, il faut savoir si celui-ci existe dans l'entreprise, identifier son mode de production et de publication, vérifier la pérennité du contenu, sa durée de vie et sa fréquence de mise à jour.

2.1 Les différents types de contenu

Le contenu d'un site web peut être de différents types. Il arrive quelquefois qu'un même contenu soit présenté sous deux formes différentes.

- les textes des pages permettent de présenter l'entreprise, son activité ou son cœur de métier. Ce contenu est souvent statique et sa mise à jour peu fréquente.
- les communiqués de presse sont en règle générale repris par d'autres sites Internet et les journalistes qui souhaitent communiquer sur l'entreprise. Ce sont des documents officiels, validés. Ils sont utilisés pour annoncer un événement de l'entreprise (nouvel actionnaire, rachat de concurrent...) pérennisant la bonne image de marque de l'entreprise. Leur rédaction doit donc s'inscrire dans un cursus de validation strict.
- les publications sont des documents officiels qui fournissent des informations périodiques. Il peut s'agir des rapports annuels, des lettres d'information... Ces contenus sont souvent repris sur des supports éditiques. La validation est également un point important dans le processus de publication.
- les actualités ou les nouvelles (news) sont les informations sur les événements récents de l'entreprise. Leur contenu est en général relativement court et l'accent est mis sur l'information. Elles peuvent être relayées instantanément sur différents supports via les flux RSS.
- les données chiffrées (chiffres clés de l'entreprise, prix, pourcentages) sont généralement issues directement des services internes de l'entreprise (Comptabilité, Communication, Direction commerciale...). Il est important d'identifier clairement l'origine et la validation de ces chiffres avant la publication.
- les animations commerciales sont généralement intégrées dans un encart réservé sur le site web. On les retrouve sous différentes formes : animations Flash, animations de type DHTML (*Dynamic HyperText Markup Language*), images ou textes animés.
- les vidéos se démocratisent et deviennent un contenu à part entière, peut-être parce qu'il est plus facile de visualiser une vidéo que de lire l'équivalent en texte. Parmi les contenus à valeur ajoutée, on peut retrouver des interviews professionnelles, des témoignages, des reportages ou des recommandations de mise en œuvre de produits spécifiques.

- les photos ou images, bien que n'étant pas des informations à part entière, s'insèrent très souvent dans les actualités de l'entreprise. Il est important de recenser l'usage, la chaîne de production et la quantité estimée de ces photos.
- les contenus syndiqués sont des informations issues d'autres sites Internet ou de systèmes d'information externes à l'entreprise et que celle-ci souhaite reléguer sur son site Internet, souvent en temps réel, moyennant partenariat ou acquittement de droits.
- les contenus dynamiques sont fabriqués à partir d'une base de données, souvent alimentée par le Système d'Information existant. Ce genre de contenu est utilisé généralement pour l'affichage d'une liste ou d'une fiche produit. La page affichera les différents contenus de la base de données : nom, descriptif, photos, prix.

2.2 L'identification du contenu

Pour chaque contenu retenu, il faut identifier si celui-ci existe déjà dans l'entreprise, et sous quelle forme, ou s'il faut mettre en place une organisation interne pour le produire de manière récurrente et pertinente. Il faut déterminer :

- la provenance : citer le service, la personne ou le prestataire qui fournit l'information.
- la fiabilité : identifier et mettre en place un circuit de validation de l'information afin de garantir la qualité de celle-ci.
- le format : l'information peut être sous forme de fichiers PDF, de fichiers texte, de vidéos, ou de sons. Ce critère est crucial pour une automatisation de publication de contenu. Si des formats ne sont pas compatibles avec le site Internet, c'est à ce moment qu'il faut les identifier.
- la durée de validité : il s'agit de définir une règle de durée de vie. La tendance est de créer et publier du contenu sans prendre en compte la durée de validité des documents générés. Ceux-ci peuvent rapidement s'avérer très nombreux, obsolètes, voire pénalisants. Il est nécessaire de définir une durée de vie des documents, de concert avec l'équipe éditoriale et l'équipe décisionnelle.

- la fréquence de mise à jour : la périodicité permet d'identifier rapidement la quantité des contenus et les moyens à mettre en œuvre pour fluidifier la publication. Cette étape permet également d'estimer la volumétrie des contenus.
- le mode de production : il s'agit de décrire la mobilisation humaine pour la production de contenu et de donner des pistes d'amélioration ou d'optimisation dans la chaîne de production. Cette production peut être manuelle ou automatique.
- la charge de production : en complément du mode de production, il convient de quantifier le temps passé pour la production d'un contenu, sans oublier la charge de validation si elle existe.
- le multilinguisme : il est à prendre en compte dès le départ, car les temps de traduction influent fortement sur la rapidité de publication. Il faut donc identifier les contenus qui devront être traduits et mettre en place la chaîne de traduction.
- la mise à disposition : c'est le temps minimum nécessaire pour que le contenu puisse être mis en ligne. Cette donnée fait souvent ressortir la lenteur des circuits de production.
- les contraintes de publication : elles sont à identifier, elles doivent décrire d'éventuels risques. Parmi ces risques, il peut y avoir les compétences mobilisées, les problèmes de temps de rédaction, de disponibilités humaines, des problèmes de logiciels ou de formation.

Il est préférable de faire un tableau récapitulatif pour chaque contenu.

Type de contenu	Appellation du contenu
Description	Descriptif du contenu
Provenance	Service ou prestataire émetteur
Fiabilité	Décrire le mode de validation
Format	Format de données
Durée de vie	Durée de vie de l'information
Fréquence	Fréquence de publication
Mode de production	Description des étapes de production de l'information et liste des intervenants
Multilinguisme	Différentes versions du document

Charge de production	Temps nécessaire pour chaque étape de production et de publication
Mise à disposition	Disponibilité entre la rédaction et la mise à disposition pour la publication (en jours)
Contraintes	Les contraintes de rédaction, de validation et de publication

Ces tableaux doivent faire ressortir la volumétrie des contenus que l'entreprise veut publier. Ils permettent également de prendre conscience des circuits de publication, de leurs contraintes et de leurs points d'amélioration.

2.3 La publication du contenu

Il est très important d'identifier pour chaque contenu son circuit de publication : qui produit le contenu (producteur), qui le valide (validateur), qui le publie (publicateur) et comment il est publié. Ces informations peuvent être ajoutées au tableau précédent.

Le chef de projet web peut établir ses préconisations pour optimiser les circuits de publication en attirant l'attention sur les recrutements nécessaires ou la mise en place d'un système de publication de contenu.

2.4 Les systèmes de gestion de contenu

Un système de gestion de contenu ou SGC (*Content Management System* ou CMS) est une famille de logiciels destinés à la conception et à la mise à jour dynamique de site web ou d'application multimédia. Ils partagent les fonctionnalités suivantes :

- Ils permettent à plusieurs individus de travailler sur un même document.
- Ils fournissent une chaîne de publication (workflow) offrant par exemple la possibilité de mettre en ligne le contenu des documents.
- Ils permettent de séparer les opérations de gestion de la forme et du contenu.
- Ils permettent de structurer le contenu (utilisation de FAQ, de documents, de blogs, de forums de discussion, etc.).
- Certains SGC incluent la gestion de versions.

Les SGC permettent de réaliser la gestion de contenu dans l'entreprise, il s'agit de l'ECM.

Source : www.Wikipedia.fr

Il existe aujourd'hui une très grande diversité de SGC, adaptés à chaque technologie et simples d'usage. La mise en place d'un SGC au sein de l'entreprise représente un investissement qui est rentable uniquement si la quantité de contenus, la fréquence et l'urgence des mises à jour le justifient.

Il est recommandé de faire appel à un expert indépendant qui, intervenant en mission courte, saura analyser les besoins et aiguillera l'entreprise sur la gamme de SGC adaptée.

Si la mise en place d'un SGC est envisageable, il convient de le stipuler dans le cahier des charges fonctionnel en décrivant le besoin fonctionnel dans la liste des fonctionnalités.

2.5 Le partage de l'information (RSS, etc.)

En fonction de la richesse et de la fréquence de publication des contenus, il se peut que ceux-ci soient repris par d'autres sites web. Ces reprises sont autant de leviers pour une bonne visibilité de l'entreprise sur la Toile. Il est important donc de prévoir leur portabilité. Proposer par exemple un flux RSS sur le site web avec les dernières actualités permet de partager l'information tout en gardant le contrôle de celle-ci.

3. La conception fonctionnelle

Lors de la phase de conception fonctionnelle, les acteurs du projet web vont imaginer et décrire le site web. La structuration du contenu, la navigation du site et une description détaillée des fonctionnalités du site sont les étapes obligatoires.

3.1 La structuration du contenu

Après avoir fait la liste de tous les contenus, il convient de les organiser de manière optimale. Il faut les catégoriser : les regrouper dans une logique attendue par les internautes puis les structurer afin de faire ressortir les éléments les plus intéressants pour les visiteurs. Un site web doit être conçu selon une architecture cohérente.

3.1.1 Les structures

Il existe quatre grands modèles de structures de contenu :

– La structure hiérarchique : l'organisation hiérarchique des pages se décline depuis la page d'accueil tel un organigramme. C'est la meilleure façon d'organiser des blocs d'information complexes, celle que l'on retrouve sur beaucoup de sites web. Cette organisation nécessite de bien organiser l'information. On évitera les structures trop profondes.

Exemple

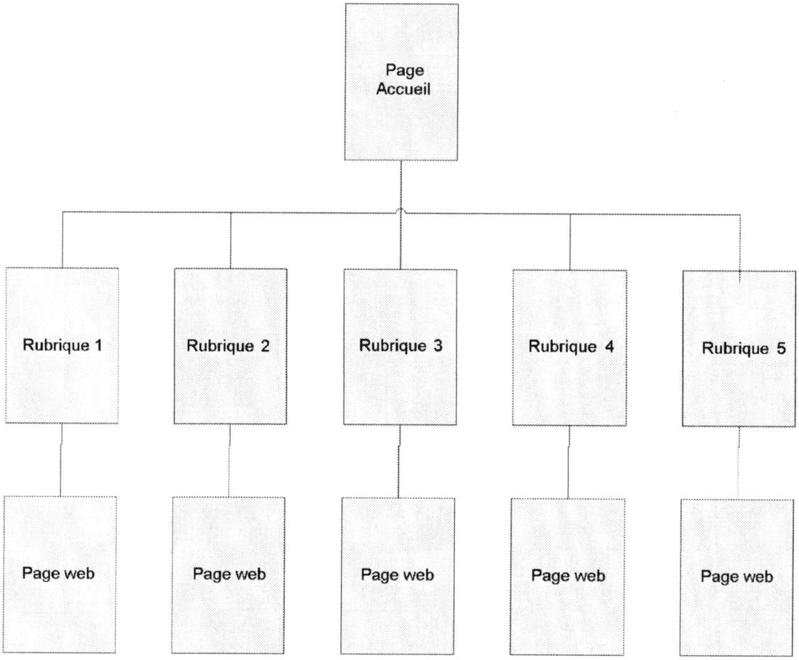

– La structure séquentielle : l'organisation des pages est linéaire selon un ordre chronologique (étape 1, étape 2, etc.), un peu comme dans un livre. On retrouve cette organisation sur les sites de formation ou les tutoriels en ligne.

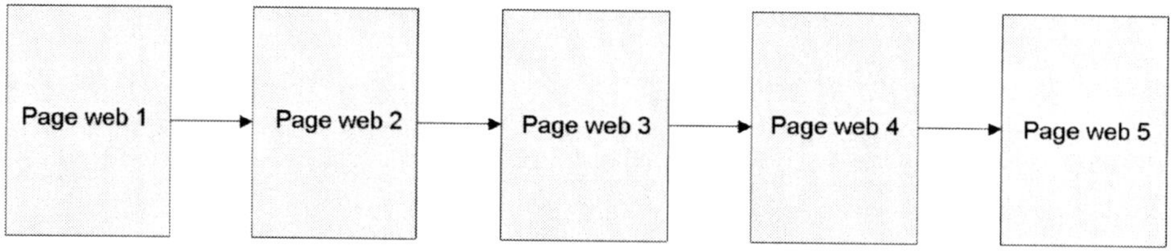

– La structure en réseau : l'organisation de l'information s'effectue selon le principe de liens hypertextes. Cette organisation exploite la pleine puissance des liens vers des informations à l'intérieur du site. Cette organisation est plutôt destinée à un public expert.

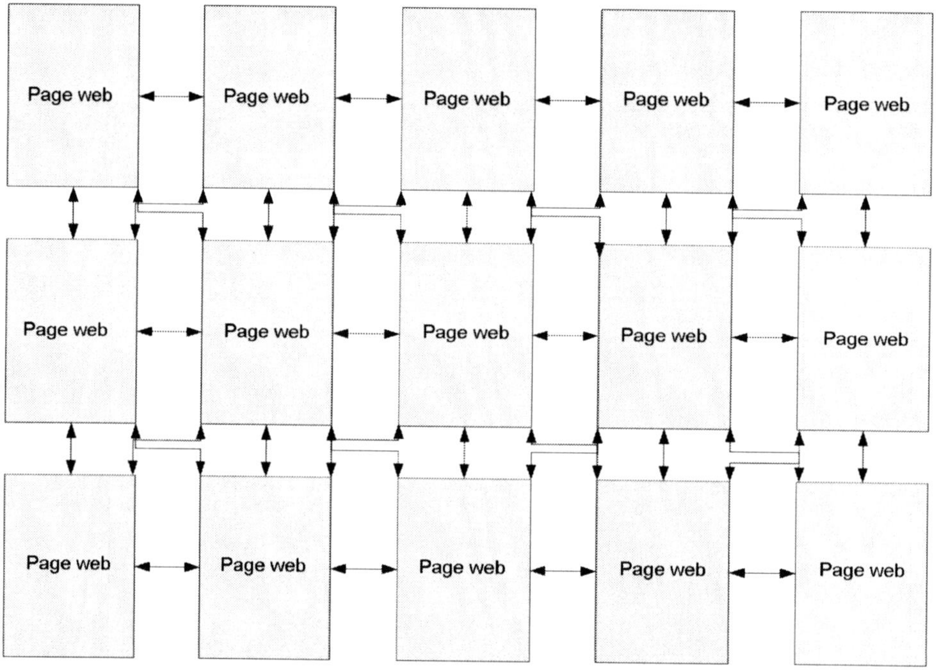

– La structure grille (base de données) : cette organisation du contenu est générée par le biais de bases de données. Le contenu est présenté sous forme de tableau selon les paramètres renseignés par l'internaute.

Un site web peut combiner plusieurs types de structures. L'objectif est de maintenir une hiérarchisation équilibrée des contenus (et évolutive) qui permettra d'accéder rapidement à l'information. La structure d'organisation doit rester intuitivement compréhensible tout en étant évolutive.

3.1.2 Le rubriquage

Après avoir listé, organisé, puis catégorisé tous les contenus qui seront présentés sur le site Internet, le travail de rubriquage est déjà bien avancé.

L'objectif de ce rubriquage va être d'établir une première arborescence générale du site Internet. Cet exercice permet également d'avoir une vue d'ensemble de ce que l'on souhaite présenter et de la façon l'organiser. Une veille des sites web des concurrents du même secteur d'activité permet de repérer les bonnes pratiques. Le rubriquage et l'arborescence du site doivent répondre à l'attente des internautes et non aux besoins internes de l'entreprise.

Il est préférable de découper en sous-rubriques les rubriques très riches en prenant en compte toutefois le fait que le rubriquage permet d'organiser l'information mais en aucun cas ne doit être un frein à sa recherche. Un document stocké sous trois niveaux d'arborescence ne sera pas toujours trouvé par l'internaute, même si son contenu est enrichissant.

Si une rubrique ne comporte pas assez de contenu mis à jour régulièrement, il vaut mieux la supprimer et regrouper les pages sous une autre rubrique.

Cet exercice peut paraître fastidieux mais il s'agit là de définir le squelette du site Internet, qu'il sera très compliqué de modifier lorsque le site sera réalisé.

3.1.3 Le plan du site

Lorsque le rubriquage est effectué, il faut représenter schématiquement le squelette du site web. Le plan du site ainsi représenté doit être validé par la maîtrise d'ouvrage avant d'être diffusé et servir de document de référence.

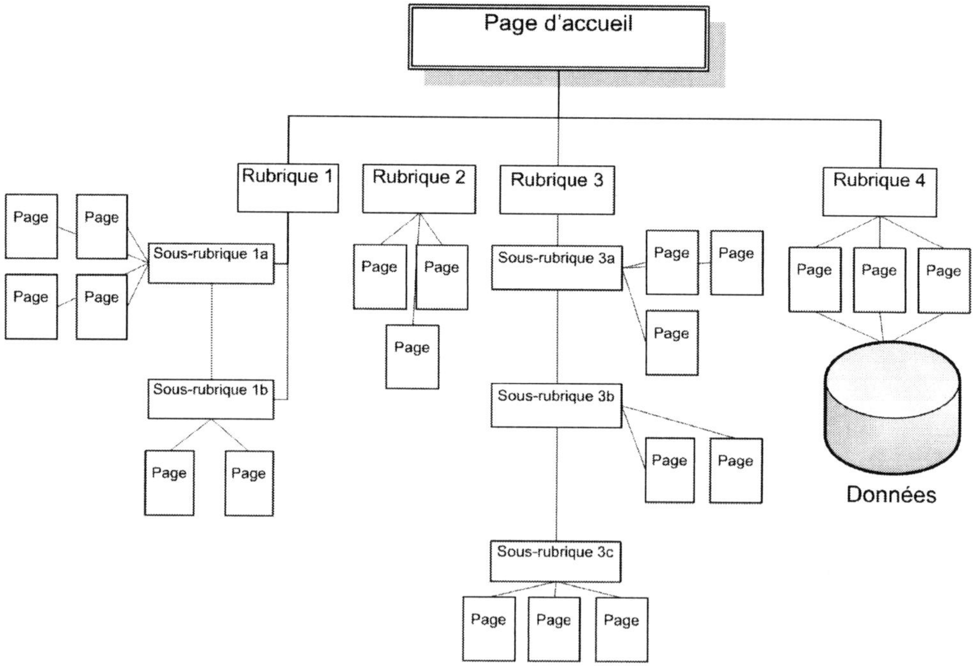

3.1.4 Les trames des pages ou cinématique

À partir du plan du site validé, il est possible désormais de réaliser les trames des pages. Les acteurs en charge du contenu, du design et de l'ergonomie vont pouvoir conceptualiser ces trames de pages. Cette étape est également appelée cinématique.

Cette conceptualisation consiste à représenter, sous forme de schéma, la mise en page des différents éléments qui constitueront la structure commune du site (logo, boutons, images, zones de contenu). Il est important de laisser cette cinématique sous forme de schéma volontairement sans graphisme. L'objectif est vraiment axé sur la mise en page et la disposition des différents éléments de la page. Une fois cette cinématique validée, elle servira de base de travail à l'équipe graphique pour la réalisation de ses pistes graphiques.

On peut conceptualiser plusieurs trames si les pages du site ne sont pas sur une structure commune. La page d'accueil, par exemple, ne suit pas toujours la même structure que les pages intérieures.

Cette conceptualisation permet également de rectifier et d'optimiser les positionnements de zones de contenu ou de navigation et peut révéler des incohérences ergonomiques.

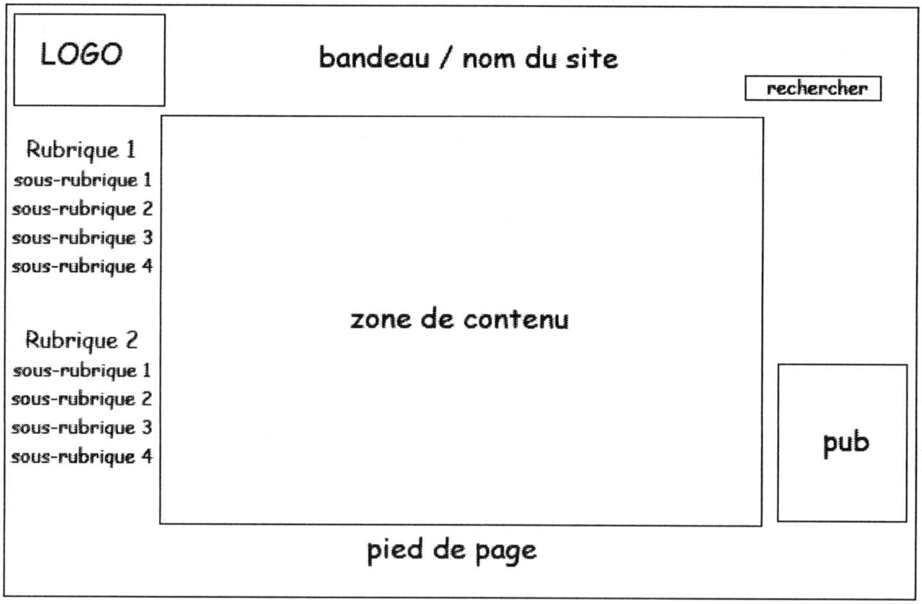

L'entreprise doit identifier le nombre de gabarits différents que le site présentera. Elle peut dresser une liste exhaustive présentée sous forme de tableau.

Page ou rubrique	Gabarit associé
Page d'accueil	Page d'accueil
Page de contact	Formulaire
Rubrique présentation	Contenu
Rubrique produits	Tableau

3.2 La navigation

Par définition, Internet est un système de navigation. L'internaute clique sur des liens hypertextes afin de se déplacer au sein d'un espace d'information composé de centaines de millions de pages. Dans ce vaste espace, la navigation est difficile.

Lorsque l'on met en place un système de navigation, il est impératif de prendre en considération les trois questions fondamentales que se pose l'internaute : où suis-je ? où suis-je déjà allé ? où puis-je aller ?

Les internautes veulent accéder rapidement au contenu, la navigation ne doit pas être un frein, mais au contraire être une aide facile d'utilisation.

3.2.1 Les différents types de navigation

On distingue sept types de navigation sur un site web.

- La barre de navigation : elle affiche le nom des rubriques du menu hiérarchique. Elle se positionne en haut ou sur le côté gauche de la page. On la retrouve sur la quasi-totalité des sites web.
- La navigation fonctionnelle : elle permet d'accéder directement à une fonctionnalité du site web (plan du site, envoyer un e-mail, agrandir les textes).
- La navigation directe : elle permet d'accéder directement à une page de contenu (lien direct, bannière publicitaire).
- La navigation de référence : elle se matérialise sous forme d'un lien placé sur un mot-clé d'un texte et qui permet d'accéder directement au contenu associé à ce mot-clé.
- La navigation dynamique : cette navigation va générer elle-même du contenu. Le cas le plus fréquent est le moteur de recherche.
- Le fil d'Ariane : cette navigation retrace le chemin parcouru par l'internaute depuis la page d'accueil (accueil ? présentation ? page) où chaque terme est un lien hypertexte.
- La navigation par étape (pagination) : cette navigation est présente lorsqu'une page trop longue affiche son contenu sous forme de pagination (précédent 1 | 2 | 3 | suivant).

3.3 Les spécifications fonctionnelles détaillées

En se basant sur les orientations fonctionnelles du cahier des charges, il convient de réaliser une étude approfondie des fonctionnalités du site Internet. Il faut lister et décrire toutes les fonctionnalités du site. Que celui-ci interagisse avec l'internaute (utiliser un moteur de recherche, envoyer un e-mail, s'abonner à la newsletter, afficher du contenu dynamique) ou avec le Système d'Information ou les équipes de l'entreprise (publier du contenu, recevoir un e-mail, gérer le paiement en ligne, gérer l'administration). On décrit les fonctionnalités sous forme de tableau et sous forme de diagramme.

3.3.1 La description de la fonctionnalité

Pour chaque fonctionnalité, il faut réaliser un tableau récapitulatif qui mette en avant les points suivants :

- La référence de la fonctionnalité : celle-ci n'est pas obligatoire mais permet de se repérer dès que le site présente un nombre important de fonctionnalités.
- L'intitulé de la fonctionnalité : concise et explicite, cette description doit commencer par un verbe à l'infinitif pour marquer la notion d'action.
- Les acteurs concernés par cette fonctionnalité : que ce soit des personnes physiques ou des serveurs.
- La description : à quoi sert la fonctionnalité.
- Le déclenchement : l'action qui lance la fonctionnalité.
- Les pré-requis : les conditions nécessaires pour accéder à la fonctionnalité.
- Le résultat : le résultat concret renvoyé par la fonctionnalité. Il doit être en corrélation avec la description.
- La séquence normale : la description des différentes étapes de la fonctionnalité dans un fonctionnement normal de réussite.
- La séquence alternative : la description des différentes étapes de la fonctionnalité en cas de non-fonctionnement de la séquence normale.
- La priorité : l'importance de la fonctionnalité dans le site web.
- La fréquence d'utilisation.
- Un espace notes : pour apporter quelques précisions complémentaires.

Référence de la fonctionnalité	F.01
Intitulé	Envoi d'e-mail depuis le site web.
Acteurs	L'internaute, le serveur Internet, le serveur de messagerie, le collaborateur de l'entreprise.
Description	L'utilisateur peut envoyer un e-mail à l'entreprise depuis le site web.
Déclenchement	À la demande de l'internaute.
Pré-requis	L'utilisateur a cliqué sur le lien "contact" et saisi son adresse e-mail.
Résultat	L'entreprise reçoit le message de l'internaute.
Séquence normale	1. L'internaute remplit les champs obligatoires du formulaire. 2. Le serveur web traite les informations et teste le serveur de messagerie de destination. 3. La page web affiche à l'internaute que son message a bien été envoyé. 3. Le serveur de messagerie de l'entreprise traite l'e-mail. 4. Le collaborateur reçoit ce message dans sa boîte e-mail professionnelle.
Séquence alternative	1. L'internaute remplit les champs obligatoires du formulaire. 2. Le serveur web traite les informations et révèle une anomalie sur le serveur de messagerie de destination. 3. La page web affiche à l'internaute que son message n'a pas pu être envoyé et l'invite à faire une nouvelle tentative ultérieurement. 4. Le message n'est pas envoyé.
Priorité	Haute
Fréquence d'utilisation	Estimée à 150 fois par jour.
Notes	Cette fonctionnalité se retrouve plusieurs fois sur le site web.

3.3.2 La description du processus

Le but de la description du processus sous forme de diagramme est d'obtenir une vision globale de chaque processus fonctionnel du site web. Ce diagramme doit détailler les actions effectuées par les acteurs du processus et les informations associées.

L'intérêt de ces diagrammes est d'abord de permettre à l'ensemble des acteurs du projet de se mettre d'accord sur une vision de l'entreprise et de ses processus mais également de préparer la phase de recette, puisque ces diagrammes serviront de support pour tester la fonctionnalité.

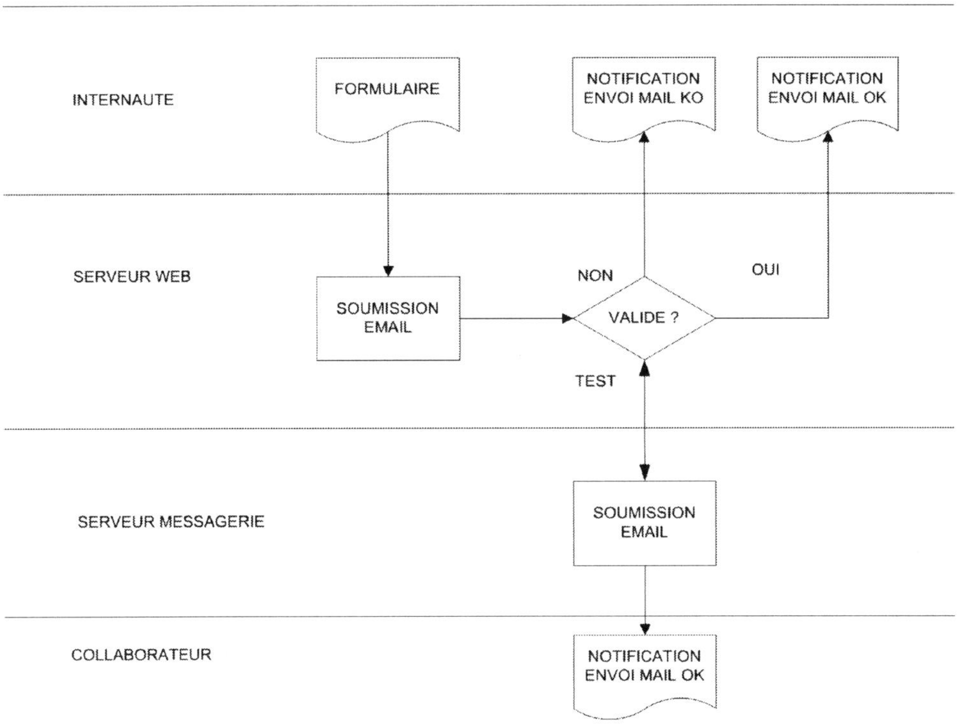

3.3.3 Les rôles et l'organisation

Dans un premier temps, il faut lister tous les acteurs et les rôles qui sont concernés par une ou plusieurs fonctionnalités. La rédaction doit être compréhensible par tous les acteurs.

Acteur	Rôle
Webmaster (Web)	Maintenance et évolutions mineures sur le site web, recevoir les e-mails du site web
Rédacteur (Red)	Rédaction de contenu pour le site web
Administrateur (Adm)	Validation et publication des contenus rédigés par le rédacteur
Super-administrateur (Sup)	Administration des droits pour l'ensemble du site Internet
Serveur de messagerie (Smes)	Réception et émission des e-mails de l'entreprise
Serveur web (Sweb)	Hébergement du site web, exécution de tâches à la demande du site web
Collaborateur entreprise (Entr)	Collaborateur de l'entreprise intervenant dans un process Internet

Dans un second temps, il faut lister l'intégralité des fonctionnalités et y associer le ou les acteurs concernés par celle-ci. Ce référentiel sera nécessaire pour préparer les tests lors des recettes fonctionnelles.

Référence	Intitulé de la fonctionnalité	Web	Red	Adm	Sup	Smes	Sweb	Entr
F.01	Envoi d'e-mail depuis le site web	X				X	X	X
F.02	Rédaction de contenu		X	X	X		X	
F.03	Publication de contenu	X	X	X	X	X	X	

4. La conception graphique

L'objectif de la conception graphique est de définir les éléments graphiques qui conduiront à construire l'identité visuelle du site. Lors de cet exercice, les acteurs en charge des réalisations graphiques vont proposer à la maîtrise d'ouvrage des pistes graphiques qui aboutiront à l'élaboration de la charte graphique après validation.

4.1 Le brief créatif

Le brief graphique est de préférence matérialisé par une ou plusieurs réunions entre la maîtrise d'ouvrage et l'équipe graphique. Ces entretiens permettent à cette dernière de collecter suffisamment d'informations pour mieux orienter les recherches concernant les futures pistes graphiques.

À travers une série de questions précises l'équipe graphique aborde le contexte du projet, la problématique, l'objectif de communication, la cible du projet, les supports choisis, le message à faire passer, le ton de communication, les contraintes juridiques, budgétaires ou techniques, le planning pour la présentation des pistes graphiques.

Le cahier des charges, les éléments graphiques existants, le plan du site et les trames des pages validées seront également fournis à l'équipe graphique afin qu'elle dispose de toutes les informations pour réaliser ses pistes graphiques.

4.2 Les pistes graphiques

À partir du brief graphique et des éléments collectés, l'équipe graphique fait un retour à la maîtrise d'ouvrage, sous forme de présentation de pistes graphiques.

En général, elle présente deux ou trois pistes graphiques. Les pistes graphiques sont différentes et réalisées à partir d'ambiances différentes (images clés, code couleur, police, iconographie, etc.).

Chaque piste graphique est constituée de deux ou trois pages significatives du site Internet, dans lesquelles figure la page d'accueil.

L'objectif de ces pistes graphiques est de déterminer précisément l'identité visuelle du site web.

La présentation des pistes graphiques peut se faire en deux parties, matérialisées par des réunions de travail. La première partie consiste à présenter à la maîtrise d'ouvrage les différentes pistes retenues, souvent sous forme de photos imprimées. L'entreprise adopte une des pistes et peut apporter quelques modifications.

La deuxième partie consiste à approfondir la piste retenue en détaillant les différents composants des pages (boutons, images, zones de contenu, fonds, etc.).

Si cette piste détaillée est retenue et validée par l'entreprise, un PV de validation de la piste graphique est signé et celle-ci adoptée. Cette piste graphique est le document de référence pour l'élaboration des premières maquettes du site web.

4.3 Les gabarits de page

Chaque page du site web sera bâtie à partie d'un gabarit de page. Il est néanmoins conseillé de limiter le nombre de gabarits et d'éviter d'avoir autant de gabarits que de pages dans le site !

Il est fréquent de retrouver sur le site web différents gabarits de page (page d'accueil, page avec tableau, page de contact, page avec des vidéos, etc.).

L'équipe graphique doit proposer à l'entreprise une maquette graphique de chaque gabarit de page. Ces maquettes constituent un socle solide pour la suite du processus. Il est important que l'entreprise les valide en considérant chaque détail.

4.4 Les maquettes HTML

À partir des gabarits de page et des éléments de la piste graphique, l'équipe graphique va proposer à l'entreprise une maquette réaliste du futur site web. Celle-ci sera consultable depuis un navigateur web et permettra de naviguer entre différentes pages à l'aide de liens hypertextes.

Ce site web factice permet à l'entreprise de visualiser en situation réelle et valider l'enchaînement des pages et les éléments graphiques.

Même si cette maquette est factice, la représentation doit être de bonne qualité et montrer le plus exactement possible le comportement final du site Internet. Il arrive parfois que la représentation du gabarit diffère entre sa forme image et sa forme web, notamment pour les polices de caractères.

Cette mise en situation doit s'accompagner d'une livraison d'une feuille de style (au format .css) qui sera réutilisée pour la réalisation du site web.

4.5 La charte graphique

Lorsque tous les éléments graphiques ont été validés et ont fait l'objet d'un PV de validation, ceux-ci sont rassemblés pour créer ce que l'on appelle la charte graphique. Parmi ces éléments on retrouve les logos, les couleurs utilisées, les polices de caractères et leur taille, les différents styles, les images, les tailles d'écran, les dimensions des pages, etc.

Ces éléments sont en général livrés par l'équipe graphique sous forme papier et sous forme numérique.

Pour la charte graphique web, il peut être précisé les différentes classes utilisées par les feuilles de style associées aux maquettes HTML. Ces feuilles de style devant être livrées avec la charte graphique.

Tous ces éléments devront être livrés nécessairement avec les fichiers source et le transfert des droits de propriété intellectuelle.

4.6 Les procès-verbaux (PV) de validation

À chaque étape de la conception graphique, il est conseillé de faire valider les livrables par un procès-verbal de validation.

Si chaque étape n'est pas validée par la matérialisation d'un document signé des deux parties, il est fort à parier que la conception graphique ne respectera pas son planning initial. Pour avancer lors de cette conception graphique, il faut valider les livrables et passer à l'étape suivante. L'absence de validation écrite entraîne inéluctablement des modifications à apporter en cours de réalisation avec remise en question des premiers livrables. Cela entraîne une perte de temps et d'énergie et est rapidement source de conflits entre l'équipe graphique et la maîtrise d'ouvrage.

5. La conception technique

La phase de conception du projet est le plus souvent réalisée en étroite collaboration entre le développeur, le webdesigner, l'intégrateur et l'hébergeur. Elle consiste à faire des choix techniques et technologiques adaptés aux fonctionnalités du site web.

Il s'agit en général du choix du langage de programmation, de l'usage des bases de données, de l'architecture matérielle à mettre en place ou encore du système de gestion de contenu qui répondra le mieux à l'ensemble des besoins exprimés dans le cahier des charges. Les spécifications techniques sont regroupées dans un document de référence.

Les architectures et technologies présentées dans ce chapitre ne le sont qu'à titre d'exemple. En effet, chaque entreprise ou chaque hébergeur a sa propre infrastructure qui répond à ses besoins. Il conviendra donc de travailler étroitement avec les équipes techniques concernées en amont du projet.

5.1 L'architecture logicielle

L'architecture logicielle décrit d'une manière symbolique et schématique les différents éléments d'un ou de plusieurs systèmes informatiques, leurs relations et leurs interactions. En partant des spécifications fonctionnelles détaillées, l'architecte web va être capable de définir l'architecture logicielle nécessaire (types de serveurs, composants serveurs, moteur de recherche, bases de données, système d'exploitation, etc.).

5.2 L'architecture matérielle

En partant des informations du cahier des charges (trafic, nombre de visiteurs, etc.) l'architecture matérielle (serveurs, bande passante, etc.) va permettre de définir le dimensionnement de l'hébergement.

Exemple :

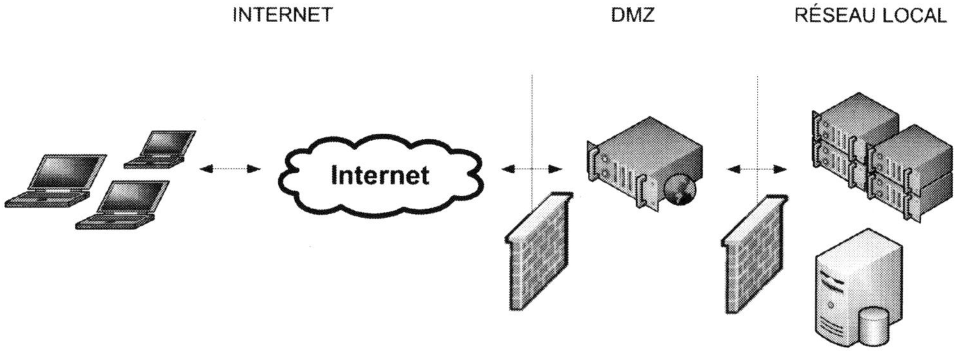

5.3 L'architecture sécurisée

Les politiques de sécurité informatique de plus en plus drastiques n'épargnent pas les sites web. Il est nécessaire de faire intervenir un responsable de la sécurité des systèmes d'information (RSSI) dès lors que l'on veut une sécurité accrue. Il proposera une architecture sécurisée.

5.4 Les spécifications techniques

La matérialisation de la conception technique est le cahier des spécifications techniques. Ce document reprend les descriptions des différentes architectures proposées (logiciel, matériel, sécurité), leurs représentations schématiques et détaille les propositions avancées.

Il revient également aux équipes techniques de définir les règles de nommage des fichiers, les modèles conceptuels de données et de traitement. Une politique de sauvegarde des données, une politique de maintenance et une politique de suppression des objets obsolètes sont également à définir lors de cette étape. Tous les éléments techniques préconisés devront être accompagnés d'une documentation détaillée.

Ce document de référence sera le socle pour la phase de réalisation technique, il doit être validé par la maîtrise d'ouvrage et rédigé par l'équipe technique.

Chapitre 6
La phase de réalisation

1. La réalisation

La phase de réalisation consiste soit à mettre en œuvre un progiciel soit à réaliser des développements spécifiques. En toute logique, l'étude de faisabilité a dû trancher entre ces solutions. Dans le premier cas, les efforts sont limités puisqu'il ne s'agit, en théorie, que de paramétrer l'outil, développer quelques modules et créer les modèles de pages. Dans le second cas, les efforts sont importants et demandent un bon suivi de projet.

1.1 La réalisation technique

Il est fréquent que la mise en place de l'environnement technique soit la première étape de la phase de production. En effet, il convient de mettre en place les environnements techniques et technologiques en situation réelle d'utilisation du site web. Cette réalisation technique comprend l'infrastructure de réalisation, les bases de données, les développements et l'intégration de l'existant.

1.1.1 L'infrastructure de réalisation

L'environnement de développement

L'équipe dédiée à l'infrastructure réseau et serveur met généralement en place trois environnements. Le premier, appelé environnement de développement, sert aux équipes de développeurs. Cet environnement est configuré pour accueillir les ateliers logiciels utilisés. Il ne reflète pas ce que sera le site web à terme. Cet espace "atelier" sur lequel sont réalisés et testés les développements et les paramétrages serveurs n'est utilisé que par la maîtrise d'œuvre. Lorsque ces développements sont terminés, ils sont déposés sur le deuxième environnement du projet.

L'environnement de test

Le second environnement est celui de test, ou pré-production. Il est communément appelé serveur de recette. Il présente ce que sera le futur site web. Les éléments réalisés qui y sont déposés sont consultables par la maîtrise d'ouvrage.

Lorsqu'il y a des données, des flux, des contenus à intégrer, ils apparaissent sur cet environnement. L'équipe technique chargée de l'infrastructure y réalise ses paramétrages. Les serveurs de bases de données y sont aussi présents et leur contenu, même s'il peut être fictif pour les tests, adoptera sa forme définitive. Ce serveur de recette est l'environnement sur lequel la maîtrise d'ouvrage et la maîtrise d'œuvre réaliseront leurs tests et recettes pour valider les livrables. Il est fortement conseillé que les développeurs n'y aient pas accès directement, ils pourront uniquement y déposer, via un tiers, ce qu'ils ont réalisé sur le serveur de développement. Lorsque l'équipe infrastructure est délocalisée, il est fréquent que l'environnement de recette soit directement sur Internet, accessible par le client seulement par mot de passe.

L'environnement de production

Enfin, le troisième environnement est celui de production (ou live). C'est sur celui-ci que le site Internet est hébergé. Les éléments présents sur cet environnement sont visibles par l'internaute. L'architecture technique, le site web, le contenu, les développements spécifiques ne doivent être copiés sur ce serveur qu'après avoir reçu une validation de mise en ligne.

1.1.2 Les bases de données

Le site web affiche des contenus. Ceux-ci peuvent être statiques (saisis directement dans le corps de la page) ou dynamiques. Qu'il s'agisse de contenus administrés via un CMS ou issus du système d'information de l'entreprise, ces informations sont stockées dans des bases de données qui, en interaction avec le site web, présentent du contenu à l'internaute.

Une base de données permet de mettre des données à la disposition d'utilisateurs pour une consultation, une saisie ou bien une mise à jour, tout en s'assurant des droits accordés à ces derniers. Cela est d'autant plus utile que les données informatiques sont de plus en plus nombreuses.

Ces bases de données sont stockées directement sur des serveurs dédiés. L'administrateur de bases de données doit mettre en place une architecture qui permette de répondre aux fonctionnalités demandées. Il doit également s'assurer que les relations que la base de données établit avec les services existants sont compatibles.

Le choix de la solution technique retenue aura directement un impact sur le format des bases de données et leur serveur. Un environnement Windows communiquera avec des bases SQL, un environnement LAMP avec des bases MySQL. Ces choix ont été abordés et validés lors de la phase de conception.

Les serveurs de bases de données doivent être présents sur les trois environnements techniques (développement, recette et production).

1.1.3 Les développements

Sans trop entrer dans les détails technologiques, le lot développement peut être scindé en deux grandes catégories : les développements côté client et les développements côté serveur.

Dans le cas des développements côté client, c'est le navigateur web sur le poste de l'ordinateur de l'internaute qui effectue le travail d'interprétation des données. Les principaux langages utilisés sont : HTML, CSS, JavaScript, Flash, XML et JSON. La programmation côté client sera utilisée essentiellement dans le cas de validation de formulaires (champs obligatoires, petits calculs...), dans la création de petites animations (menus déroulants, etc.) ou pour la mise en page (positionnement des blocs, structure de page, etc.).

Dans le cas de développements côté serveur, c'est le serveur web qui va interpréter le code serveur et encapsuler le résultat dans la page HTML. Cette dernière sera expédiée au visiteur sans plus aucune trace du code serveur. Le visiteur reçoit donc une pure page HTML. Les fichiers des pages côté serveur ont généralement une extension autre que .htm ou .html. L'extension dépendra de la technologie utilisée. Ces développements s'articulent autour de requêtes auprès des bases de données (contenu, métier, etc.).

En cas de CMS, il est fort probable qu'il y ait également des développements à effectuer pour répondre à des besoins de fonctionnalités particulières.

Les développements peuvent être confiés à plusieurs équipes distinctes en fonction de leur nature. Les développements côté serveur et côté client sont complémentaires, même s'ils n'utilisent pas les mêmes langages de programmation. L'un s'occupe du contenu (côté serveur) et l'autre de la mise en forme (côté client).

Les développements doivent être effectués conformément aux exigences exprimées dans le cahier des charges (normes, qualité, etc.).

1.1.4 L'intégration de l'existant

L'intégration de l'existant est devenue aujourd'hui un enjeu majeur des projets web. Dans un premier temps, il convient d'identifier ce qui devra être repris. Il peut s'agir de contenus du site actuel, de documents d'archives ou d'informations stockées en bases de données. Dans un deuxième temps, il faut identifier leur format et organiser leur mode de récupération.

Pour la récupération du contenu, il existe deux solutions. Si le contenu est abondant et suffisamment récent, il faut envisager une récupération par copie de base à base. Sinon, il peut être judicieux de récupérer l'existant par une nouvelle saisie de celui-ci dans l'interface du nouveau CMS mis en place. L'avantage est double : non seulement on ne ressaisit que ce qui est encore d'actualité, mais en plus les utilisateurs peuvent ainsi se former à la prise en main du CMS.

En revanche il est plus difficile d'intégrer des flux d'informations existants. En effet, ceux-ci ayant souvent été développés spécifiquement, leurs formats ne permettent pas toujours la portabilité. Cette intégration nécessite souvent d'autres développements spécifiques. Il en va de même lorsque le nouveau site web doit interagir avec un système d'information ancien ou sous une technologie obsolète. Cette phase pourtant vitale est malheureusement souvent sous-estimée.

1.2 La réalisation graphique

La réalisation graphique est effectuée par l'équipe graphique conformément aux maquettes validées présentées lors de la phase de conception. La livraison des éléments graphiques se fait en concertation avec l'équipe chargée des développements, qui a en charge de les intégrer.

1.2.1 Les éléments visuels

L'équipe graphique produit l'ensemble des éléments graphiques du site web. On peut découper ces éléments en deux catégories : les éléments de la charte graphique et les éléments graphiques de contenu.

La livraison des éléments de la charte graphique doit s'effectuer dans un premier temps. Ces éléments seront fournis aux équipes de développement pour intégration. Les logos, images et photos seront aux formats appropriés (.gif, .jpg, .png). Les autres éléments seront fournis sous forme de feuille de style (.css), dans laquelle les styles à utiliser seront détaillés. Le chef de projet doit veiller à ce que le livrable soit exploitable par l'équipe développement et conforme aux exigences du cahier des charges (compatibilité, poids, format). Une fois ces éléments livrés et intégrés, le site web a déjà sa structure et ressemble à la maquette validée lors de la phase de conception.

Il est important d'imposer à l'agence graphique la livraison des éléments graphiques (logos, bandeaux, etc.) sous leur format source sur support numérique (DVD, clé USB). Le logo doit être une image vectorielle si l'on veut pouvoir le décliner sur d'autres supports publicitaires sans perte de qualité.

La deuxième catégorie d'éléments graphiques correspond aux images et aux animations présentes sur le site et qui agrémentent les contenus éditoriaux.

Ces éléments sont souvent des photos institutionnelles, des images des produits, des pictogrammes, en lien avec le contenu qu'elles accompagnent. Cette production peut très bien être réalisée par des équipes en interne, issue de bibliothèques d'images en ligne, pour lesquelles il faudra s'acquitter des droits de propriété, ou d'un reportage photo réalisé dans l'entreprise.

1.2.2 Les bibliothèques d'images

Les photos et autres illustrations acquises par l'entreprise doivent être regroupées sous forme de bibliothèques d'images. Si elles sont de bonne qualité, elles pourront être réutilisées sur d'autre support (plaquettes, visuels...). Il est important que ces images, dont l'entreprise a acquis les droits d'exploitation, soient stockées sur support numérique. Une bibliothèque de photos devra être dédiée au Web. Celle-ci doit être accessible à tout rédacteur de contenu qui souhaite ornementer son texte d'une photo, souvent par le biais d'un CMS.

Il est préférable que cette bibliothèque soit hébergée dans un seul répertoire qui sera partagé. Cela évite les différences de versions et limite la multiplication des bibliothèques (dont le poids n'est pas négligeable) sur les postes utilisateurs.

1.3 La réalisation éditoriale

La phase de production des contenus du site est la phase capitale. D'une part parce que c'est ce contenu que l'internaute vient consulter, il doit être écrit pour le Web, grammaticalement correct, juridiquement validé et incitatif à la lecture. D'autre part, comme la production des contenus impacte souvent plusieurs services de l'entreprise, il est nécessaire de définir précisément les règles d'uniformisation.

Enfin, la qualité et la pertinence de ce contenu seront les facteurs essentiels du référencement naturel, et donc de la visibilité dans les moteurs de recherche.

1.3.1 Les textes statiques du site

Les textes statiques sont les textes qui constituent le corps des pages institutionnelles. Ces textes ne nécessitent pas la mise en place d'une chaîne de production complexe. Leur mise à jour n'est pas fréquente. Ils peuvent être publiés directement par le rédacteur (via un CMS ou un accès FTP) ou par le webmaster, qui insère le texte directement dans le code source de la page.

Les visiteurs d'un site web s'intéressent en premier lieu aux titres et aux textes. Il faut présenter les textes d'une manière qui incite l'internaute à les lire.

Trois recommandations principales sont à respecter :

- Être bref : les textes du Web sont au moins deux fois plus courts que des textes équivalents destinés à l'impression.
- Favoriser la lecture rapide : les longs blocs sont difficiles à lire, il est préférable de privilégier des paragraphes courts, des sous-titres et des listes à puces.
- Diviser les contenus : lorsque les paragraphes sont longs, il faut les répartir en plusieurs pages afin qu'ils restent accessibles via des liens hypertextes.

Pour obtenir des textes de qualité optimisés, il est quelquefois nécessaire de faire appel à des spécialistes de l'écriture pour le Web. Ces spécialistes peuvent intervenir ponctuellement ou dispenser des formations enrichissantes.

1.3.2 L'animation du site

En plus du contenu statique, le site web propose au visiteur des contenus ponctuels. Ces contenus ont une durée de vie assez courte et font l'objet d'une fréquence de mise à jour régulière. Ces contenus nécessitent de mettre en place dans l'entreprise une chaîne de production de contenu et un workflow de validation.

Communiqués, actualités

Ces informations apparaissent en général sur la page d'accueil du site web. Elles se présentent sous la forme d'une date, d'un titre, d'un extrait de texte et d'un lien hypertexte qui mène vers une page du site ou un fichier PDF qui en restitue la globalité. Ces actualités peuvent être proposées également sous forme de flux RSS. Quelques règles de base doivent être respectées :

- Contrôler la saisie. Le rédacteur doit renseigner tous les champs qui sont nécessaires à la bonne restitution de l'information (date, titre, résumé, contenu global, image si nécessaire). Dans l'interface de saisie, ces champs doivent être obligatoires.
- Mettre en place un circuit de validation interne. L'information mise à disposition engage la responsabilité de l'entreprise et de son représentant légal. Il est obligatoire de mettre en place un circuit de validation en interne. Plusieurs relectures permettent de garantir la véracité et la conformité de l'information. Attention toutefois à ne pas alourdir le circuit au détriment de la réactivité.

- Utiliser un système d'archivage organisé. Dans la pratique, en cas de litige, d'autant plus si l'information est sensible, un site web doit être capable de reproduire l'information qu'elle présentait sur son site à une date donnée. Mettre en place un système d'archivage physique est conseillé. Après avoir été publiée, l'information sera stockée dans un espace dédié, organisée par date de publication.
- Organiser une règle de purge automatique. Au fur et à mesure que les actualités sont archivées, l'espace disque nécessaire à leur stockage croît de façon exponentielle. Pour chaque actualité, on pourra mettre en place un système de purge automatique adapté.

Publicités

La publicité sur un site web se présente sous différents formats en fonction de l'orientation marketing désirée :

- L'habillage du site : ces publicités logées au-dessus du menu de navigation, sur les parties gauche ou droite du site web, sont réputées excellentes pour l'image et peu gênantes pour l'internaute. À la seule condition que leur emploi soit limité et leur contenu renouvelé régulièrement.
- L'animation Flash : sous forme de Flash transparent stocké dans un calque transparent, l'animation est jouée par-dessus la page d'accueil. Cette publicité est efficace si elle est bien intégrée par rapport au site, si elle ne gêne pas la navigation et que sa durée n'excède pas 10 secondes. Pour information, les utilisateurs des tablettes iPad (Apple), qui ne prennent pas en compte le format Flash, ne pourront pas visualiser la publicité.
- Le pop-up ou pop-under : dans son utilisation, le pop-up apparaît au-dessus de la page ou en dessous (pop-under) au chargement de celle-ci. La taille du pop-up peut varier jusqu'à couvrir la page entière. Ces publicités, que les navigateurs ont la possibilité de bloquer, sont intrusives et nuisibles à l'image de l'annonceur si l'exposition est trop intensive. Ces publicités ont tendance à disparaître du Web.

Contenu multimédia

Un contenu multimédia allie texte, son, images, vidéos, animations, etc. En règle générale, il est interactif. L'utilisateur peut accéder au contenu qui l'intéresse, en interagissant avec l'objet multimédia. Cela permet une présentation esthétique et ludique du contenu. L'utilisateur jouant un rôle actif, il mémorise l'information plus facilement.

Le contenu multimédia non textuel n'est pas compatible avec les normes d'accessibilité du Web. Il convient alors d'y apporter quelques informations complémentaires pour ne pas léser les personnes ayant une incapacité visuelle, auditive ou cognitive.

- Texte de remplacement : les fichiers audio ou vidéo doivent être accompagnés d'un fichier contenant une retranscription textuelle décrivant le contenu présenté par l'objet multimédia.

Un objet doit contenir, entre la balise d'ouverture et de fermeture, un texte formaté au format HTML qui décrit le contenu de celui-ci.

```
<object data="..." type="...">
  <p>présentation de la stratégie Web par Simon Benhamou, IT Manager</p>
</object>
```

- Description auditive : les éléments visuels doivent être décrits de façon orale. L'audiodescription est utilisée principalement par les personnes non voyantes.
- Synchronisation des alternatives : pour les vidéos notamment, il faut fournir des sous-titres qui s'affichent de façon permanente en synchronisation avec le déroulement de la vidéo.

1.3.3 Les traductions

Il est fréquent aujourd'hui que les sites web présentent leurs contenus en plusieurs langues (a minima en anglais). Trop de sites web ont une version en français très aboutie et une version anglaise qui n'est pas du tout au même niveau. En règle générale, ces sites web ont établi une chaîne de production des contenus en oubliant d'y inclure la traduction des contenus. Celle-ci se fait quand on y pense.

Dans les faits, il doit y avoir autant de chaînes de validation qu'il y a de langues proposées. Dans chaque langue, dès que le texte est validé, il doit être publié. Pas besoin d'attendre qu'il soit traduit dans toutes les langues pour ensuite publier toutes les versions en même temps. Si par exemple, le site Internet propose un contenu en cinq langues, les temps de traduction peuvent pénaliser la fraîcheur de l'information en français. Il vaut mieux séparer ces chaînes de publication.

Il est préférable de s'orienter vers des spécialistes en traduction pour réaliser les traductions de contenu. Il convient toutefois de préférer un traducteur spécialisé dans le secteur d'activité et de bannir les traducteurs automatiques en ligne.

2. Les tests et recettes

Lorsque tous les éléments (graphiques, éditoriaux, techniques) ont été réalisés, validés par les équipes respectives et réunis sur le serveur de recette, l'équipe maîtrise d'ouvrage peut procéder aux tests et recettes. Ce processus rigoureux et méthodique est réalisé conformément aux attentes du cahier des charges.

L'issue de cette phase, matérialisée par le procès-verbal de recette, sera la mise en ligne du site web. Les livrables peuvent être refusés s'ils ne sont pas conformes au cahier des recettes qui aura été préalablement rédigé.

La charge pour les tests est estimée approximativement entre 20 et 30 % de la charge de réalisation et celle-ci est répartie à 60 % pour la préparation des tests et 40 % pour la réalisation de ceux-ci.

Cette charge de tests, souvent négligée dans le planning, explique à elle seule pourquoi les tests et recettes des projets web sont effectués de façon approximative sans compter sur le côté fastidieux de la charge.

2.1 Une phase révélatrice d'éventuelles insuffisances

Il est très fréquent que certaines entreprises sous-estiment ou négligent les phases de conception et rédigent des cahiers des charges très succincts. Cette négligence se révèle au grand jour lorsque la phase de recette arrive.

En effet lors de la phase de recette, on compare ce que l'on a commandé à ce qui est livré. Si le cahier des charges est évasif et la phase de conception approximative, la phase de recette ressemble à une validation conceptuelle de la solution. La maîtrise d'ouvrage demande des modifications ou des évolutions qui n'existaient pas dans la version initiale du cahier des charges.

Il est important de savoir ce que l'on recette. On ne refait pas le cahier des charges lors de la recette. Ce cas de figure malheureusement se retrouve dans beaucoup de projets web, source de dérapages de délais mais aussi de conflits.

Il faut donc faire très attention lors de la phase de conception. C'est à ce moment que l'on se met d'accord sur le livrable. Après ce ne devrait être qu'une réalisation de ce livrable.

Une étude d'IBM a prouvé que si une modification du cahier des charges coûte 1 unité, cette même modification coûte 2 unités en phase de développement et 10 unités en phase de recette !

2.2 L'organisation de la recette

Idéalement, le plan de test (ou cahier de recette) devrait être rédigé en même temps que le cahier des spécifications fonctionnelles détaillées. En effet puisque l'on y décrit les fonctionnalités avec une grande précision, on peut très bien au même moment préciser les règles de test de celles-ci. Pour réussir la recette de son site web, il faut déterminer ce que l'on souhaite tester, comment on le teste, qui le teste et où on peut le tester.

2.2.1 Le plan de test

Appelé également cahier de recette, le plan de test est le document qui précise la stratégie adoptée pour effectuer les tests. Il précise quelles fonctionnalités de l'application seront testées, leur ordre ainsi que leur enchaînement. Le plan de test est généralement préparé par la maîtrise d'ouvrage qui peut être assistée dans cette tâche. Le plan de test doit préciser :

- L'objectif de test : chaque test doit avoir un objectif précis. On détaille ce que l'on veut tester. Il peut s'agir d'une fonctionnalité, de la résistance à la charge, etc. Le but de chaque action doit être unique et précis.
- Les cas de test : il s'agit des différents cas envisageables pour atteindre l'objectif de test souhaité.
- Les scénarios de test : c'est la procédure à suivre par le testeur pour exécuter les cas de test associés à un objectif de test.
- Les jeux de test : c'est un jeu de données, inscrit dans un document dans lequel figureront de manière précise les données qui seront saisies dans l'application. Ce document inclura aussi le résultat attendu au niveau des données rendues par le système, et ce, en fonction des règles de gestion.
- Le résultat attendu : il est nécessaire pour le testeur de comparer le résultat qu'il obtient avec celui attendu. Le résultat attendu est renseigné par le concepteur de test
- Le statut du test : OK si le résultat obtenu est identique à celui attendu, KO dans le cas inverse.
- Le protocole de test : il définit la manière dont les testeurs peuvent signaler les anomalies rencontrées lors des jeux de test. Il est important de bien centraliser et de normaliser cette méthode. L'idéal étant certainement un espace partagé avec un document unique.

Prenons pour exemple le cas simple d'un test de la fonctionnalité d'envoi d'un formulaire de contact depuis le site web :

Objectif de test		**Envoi formulaire contact**		
Référence	Action à réaliser	Résultat attendu	Résultat obtenu	Statut OK/KO
	Cliquer sur "contact"	Un pop-up s'ouvre avec le formulaire		

Objectif de test		Envoi formulaire contact		
Cas test 1	**Saisie vide**			
Scénario 1	Ne remplir aucun champ et cliquer sur le bouton "envoyer"	Un message d'erreur signale que les champs obligatoires doivent être renseignés		
Scénario 2	Nom : Benhamou ne pas remplir les autres champs et cliquer sur "envoyer"	Un message d'erreur signale que les champs "prénom" "adresse e-mail" et "message" sont obligatoires		
Scénario 3	Nom : Benhamou Prénom : Simon ne pas remplir les autres champs et cliquer sur "envoyer"	Un message d'erreur signale que les champs "adresse e-mail" et "message" sont obligatoires		
Cas test 2	**Saisie erronée**			
Scénario 1	Nom : Benhamou Prénom : Simon e-mail : simon.fr et cliquer sur "envoyer"	Un message d'erreur signale que le champ "adresse e-mail" est invalide		

2.2.2 L'environnement de test

Afin de procéder à des tests reflétant au mieux la réalité, il faut totalement configurer l'environnement de test avant le début des tests. Les bases de données doivent être alimentées avec des données au format réel, même si elles sont fictives. Si le projet web est un site Internet, les tests doivent s'effectuer sur le réseau Internet et non sur le réseau interne de l'entreprise. Les temps de réponse doivent refléter ce que sera la réalité.

La mise en place d'un site pilote (qui sera déployé à l'identique) permet de mieux apprécier la charge et d'identifier les difficultés a priori.

L'environnement de recette doit également couvrir la mise à disposition de l'équipe test de postes utilisateurs adaptés.

2.2.3 La population de test

Lorsque le plan de test est totalement rédigé et l'environnement de test opérationnel, il faut constituer la population qui réalisera les tests.

Il faut réussir à constituer une équipe hétéroclite, en tenant compte toutefois de sa représentativité dans l'entreprise. C'est la maîtrise d'ouvrage qui doit désigner les collaborateurs de l'entreprise qui seront mobilisés pour la phase de test. Les tests ne doivent en aucun cas être réalisés par la maîtrise d'œuvre.

Pour constituer son équipe de testeurs, la maîtrise d'ouvrage peut faire un appel à volontariat parmi les services impactés directement par le projet web. Pour être optimisée, cette phase de recette ne doit pas être perçue comme une contrainte par le testeur.

La meilleure situation est certainement de mobiliser l'équipe testeur une ou plusieurs journées dans un endroit unique équipé de postes utilisateurs. La concentration est optimale et l'efficacité concrète.

Lorsque l'équipe est constituée, une réunion d'information doit être organisée pour présenter le projet, ses finalités et ce que l'on attend de chacun lors de cette phase de recette.

2.2.4 Les corrections

Lors de la réalisation des tests, des fiches anomalies sont rédigées à chaque anomalie des cas de test. En fonction du protocole de test établi dans le plan de test, ces fiches sont ordonnées selon leur gravité, leur état, puis sont transmises aux équipes de développement qui corrigent les anomalies constatées et procèdent à la livraison d'une nouvelle version corrigée.

L'équipe de test et l'équipe chargée des développements vont ainsi procéder itérativement jusqu'à la résolution des incidents.

Si cette remontée d'anomalies est centralisée dans un outil de type Mantis, ou dans un espace collaboratif (Microsoft SharePoint), chaque nouvelle action (déclaration de l'incident, re-livraison, validation) fait l'objet d'un changement de l'état d'avancement (ouvert, en cours, à valider, validé, fermé...), jusqu'à la clôture de l'incident.

2.3 La recette fonctionnelle

L'objectif de la recette fonctionnelle est de vérifier le bon fonctionnement des fonctionnalités listées dans le cahier des spécifications fonctionnelles détaillées. Partant de ce document, le chef de projet va pouvoir établir le plan de test fonctionnel. Celui-ci est le plus fastidieux des tests. En effet il doit couvrir les fonctionnalités front-end (fonctionnalités utilisées par le visiteur du site web) mais également les fonctionnalités back-end (utilisées par les collaborateurs de l'entreprise qui interagissent avec le site web : mise en ligne de contenu, réception de commande, etc.).

Le chef de projet web doit donc, en partant de la liste des fonctionnalités précédemment détaillées, rédiger les plans de test, détailler les cas et les scénarios de test et définir une population de testeurs. Cette phase est fastidieuse et requiert une grande rigueur de sa part.

Une fois les plans de test établis, le test des fonctionnalités peut être effectué à l'aide d'outils de test fonctionnels appropriés (Selenium, Apodora, IBM rational functional tester, etc.) ou par des utilisateurs. Les deux méthodes ont leurs avantages et leurs limites. Les tests utilisateurs restent toutefois les plus appropriés à la méthode "résultat attendu/résultat obtenu".

2.4 La recette technique

La recette technique est une étape importante, d'autant plus si le projet est complexe ou qu'une nouvelle technologie est introduite. Le délai accordé à ces tests est malheureusement souvent trop court, ce qui entraîne généralement quelques désagréments techniques lorsque le site est en ligne. En réalité c'est plus la méthodologie des tests que le temps accordé qui est en défaut. De par leur nature technique, ces tests sont le plus souvent automatisables.

2.4.1 Le test de montée en charge

Il est fréquent et même souhaité qu'un site web connaisse un fort trafic, celui-ci aura un impact lourd sur l'architecture technique. Cet impact est souvent minimisé lorsque l'on est au début de vie du site web. Mais on n'est pas à l'abri du succès et il est important de tester l'architecture technique et de déceler les failles et d'anticiper les problèmes graves.

Un test de montée en charge simule la connexion simultanée à un site web d'un grand nombre d'utilisateurs.

La montée en charge est progressive et permet de tester les limites de l'infrastructure technique.

Les tests de montée en charge permettent en l'occurrence de :

- S'assurer du bon fonctionnement des applications avant la mise en ligne : il faut mettre en place des scénarios de test pour vérifier que le site web réagit comme prévu aux sollicitations des utilisateurs.
- Déterminer le point de rupture de l'infrastructure en simulant un nombre massif d'utilisateurs et en analysant le comportement de celle-ci : il convient de déterminer la capacité maximale de l'infrastructure technique (serveurs web, base de données). Ce point de rupture (par exemple trois mille connexions simultanées) est un point crucial à connaître.
- Garantir les performances dans la durée : les tests de charge de longue durée (au-delà de 8 heures) permettent de détecter d'éventuelles défaillances du système.
- Optimiser les temps de réponse du site web : le temps de génération et de chargement des pages, le temps de téléchargement de tous les éléments de la page, la fluidité du navigateur sont autant de critères mesurables.

Pour réaliser des tests de charge efficaces, le meilleur moyen est d'avoir recours à des logiciels de test de charge de qualité. Il existe des logiciels libres (Siege, Tsung, JMeter, etc.) ou payants (Qtest, SilkPerformer, OpenSta, etc.).

Certaines grosses entreprises mobilisent leurs collaborateurs pour réaliser des tests de montée en charge en situations réelles, en concertant un maximum de personnes sur une date donnée. Les équipes internes surveillent en direct le comportement des infrastructures techniques.

2.4.2 Le test de sécurité

Les sites web sont les applications les plus sensibilisées par la sécurité informatique, car ce sont les plus exposés aux attaques extérieures.

Il existe deux approches significatives pour tester la sécurité du site web : les tests d'intrusion et l'étude du code source.

Un test d'intrusion s'effectue au niveau des couches réseau, système et applicative. Il peut être mené en externe et en interne. Le test d'intrusion se décompose en trois phases principales.

La première s'apparente à de l'intelligence économique. Il s'agit en effet d'identifier l'ensemble des informations accessibles sur Internet en rapport avec l'entreprise et le site web, que ce soit des newsgroups, des forums ou d'autres supports. Nombre de ces données, de par leur nature, devraient être circonscrites dans le périmètre de l'entreprise.

La seconde phase consiste à examiner la configuration externe des serveurs telle qu'elle est accessible sur Internet.

En fonction des informations collectées, lors de la dernière étape on utilise ces éléments afin de détecter les vulnérabilités sur les services web. Les attaques peuvent se faire manuellement et par le biais d'outils spécialisés (liste des outils sur http://www.securitygarden.com).

La seconde approche concerne les tests applicatifs et l'analyse du code source du site Internet. Un audit du code source et des pratiques de développement permet d'anticiper les attaques du site web (SQL Injection, mot de passe, etc.).

Pour les sites web aux contenus très sensibles (comptes, informations bancaires, informations personnelles, etc.), il est conseillé de faire réaliser un audit sécurité avant la mise en ligne. Le critère de sécurité des données sensibles est le garant du sérieux du site web et est incontournable pour les sites d'e-commerce.

La prévention valant toujours mieux que la guérison, le critère sécurité doit être intégré en amont des phases de développement. Les développeurs devraient toujours travailler en étroite collaboration avec le responsable de la sécurité des Systèmes d'Information (RSSI) de l'entreprise ou l'expert sécurité mandaté.

2.4.3 Le test des développements

Il faut tester les deux types de développements : côté client et côté serveur (cf. section La réalisation - La réalisation technique, au début de ce chapitre).

Les développements côté client correspondent au code HTML qui sera envoyé au navigateur de l'internaute. Ces développements doivent présenter une structure logique, commentée, et être conformes aux recommandations du W3C pour garantir une compatibilité optimale. Les scripts JavaScript et les styles appliqués aux pages doivent être externalisés (dans des fichiers .js et .css).

Les logiciels HTML Tidy, W3C Validator et W3C CSS Validation Service permettent rapidement de tester la conformité.

Les développements côté serveur ne sont pas visibles par l'internaute. Ils interagissent avec les bases de données et utilisent les ressources du serveur web. Ces développements doivent respecter les règles élémentaires de sécurité (SQL Injection, mot de passe, etc.). Les requêtes auprès des bases de données et les appels à des ressources serveur doivent être optimisés afin de ne pas pénaliser les temps de réponse.

Les tests de sécurité et les tests de montée en charge mettront rapidement en évidence les défaillances des développements côté serveur. Si le critère qualitatif du code développé a été bien exposé dans le cahier des charges, l'équipe de développement se doit de mettre son code en conformité.

2.4.4 Le test de non-régression

La finalité des tests de non-régression est de vérifier, si lors d'une nouvelle livraison, le contenu du livrable n'impacte pas le bon fonctionnement de l'ensemble des modules et fonctionnalités précédemment validés. Malgré l'importance de ce type de test (et à cause des incidences), cette activité est souvent négligée ou inexistante dans de nombreuses entreprises. L'absence de référentiel ou encore le manque de temps ou de ressources peuvent expliquer cette situation.

Les tests de non-régression doivent être effectués à chaque fois qu'une modification est susceptible d'impacter des fonctionnalités liées à cette correction. On se concentrera sur les fonctionnalités à haut risque et celles fréquemment exécutées.

Chaque nouvelle anomalie détectée doit être communiquée aux équipes de développement en précisant qu'il s'agit d'une anomalie de régression.

Pour les gros projets web ou complexes, il est préférable d'automatiser ces tests de non-régression. Les logiciels spécialisés dans les tests de non-régression font gagner un temps précieux. Les scripts de scénario de test sont gardés en mémoire et peuvent être rejoués à la demande.

2.5 La recette ergonomique

Si la phase de conception est bien réalisée et si le cahier des charges est suivi à la lettre, la recette ergonomique doit être une formalité. Il convient toutefois de vérifier le b.a.-ba, c'est-à-dire que le site web livré est visible par toutes les configurations matérielles (tout du moins celles listées dans le cahier des charges) et par tout type d'utilisateur (y compris les personnes présentant des déficiences visuelles).

2.5.1 Le test de compatibilité

Il convient de tester le futur site web sous différentes configurations, systèmes d'exploitation (Windows, Apple, Linux) ou navigateurs (Internet Explorer, Google Chrome, Firefox, Safari, Opera, etc.).

La première solution qui consiste à recréer autant de postes utilisateurs que de configurations cibles est certes la plus fastidieuse et certainement la plus onéreuse mais présente l'avantage d'être la plus fiable. A minima, on pourra installer tous les navigateurs web sur un seul poste informatique.

Il est possible d'utiliser des solutions en ligne avec lesquelles on obtient des captures d'écran du site sous différents navigateurs. L'inconvénient majeur de ces solutions est l'impossibilité de tester les modifications en temps réel, puisque les résultats affichés peuvent prendre beaucoup de temps en fonction du trafic simultané et que cela se fait page par page.

Scapture (http://www.Scapture.com) ou encore Browsershots (http://browsershots.org) fournissent par exemple des captures d'écran de très bonne qualité.

2.5.2 Le test d'accessibilité

Tester l'accessibilité revient à simuler comment le site web va être perçu par les personnes présentant des déficiences visuelles.

Pour cela, plusieurs sites web, dont le site Accesiweb (http://www. http://www.accessiweb.org), mettent à disposition plusieurs outils de test en ligne qui permettent rapidement de savoir si le site répond aux normes d'accessibilité du W3C, de la WAI, et simulent sa restitution à travers le navigateur Lynx (principal navigateur utilisé par les internautes non voyants). Ces outils, même s'ils ne remplacent pas un test utilisateur ou un audit par un expert, permettent dans un premier temps d'avoir un aperçu rapide de l'accessibilité des pages web.

Si, pour le projet web, l'accessibilité web est un enjeu capital et qu'il doit répondre strictement aux normes de la WAI et prendre en considération les 95 points de celles-ci, il vaut alors mieux faire appel à un expert.

2.6 La recette éditoriale

Que les contenus aient été rédigés en interne ou en externe, une validation visuelle de ceux-ci s'impose, pour éviter de mettre en ligne un site qui contient des fautes d'orthographe, des coquilles ou du contenu incompréhensible.

2.6.1 Les contenus

Parce qu'ils sont souvent produits par l'entreprise elle-même, les contenus éditoriaux échappent à l'étape de recette. Or il est fréquent de voir des sites web fraîchement mis en ligne qui présentent des fautes de frappe ou d'orthographe.

Même s'il existe des outils pour vérifier en ligne l'orthographe ou la grammaire des pages web du site (http://www.rankspirit.com, par exemple), rien ne vaut l'œil humain pour corriger les éventuelles fautes ou coquilles et apprécier une phrase dans son contexte.

Si l'effectif de l'entreprise le permet, il convient de mobiliser une équipe de relecteurs. Ceux-ci devront être nombreux et n'avoir à relire que quatre ou cinq pages chacun afin de garantir de bons résultats. En surfant sur le site de test, les relecteurs pourront également détecter d'autres anomalies (absence d'images, mauvaise mise en page, etc.).

2.6.2 Les liens du site

Tant que le site n'est pas en ligne, lors des phases de recette du site web, il est fréquent que l'on change le nom des pages, l'arborescence, le contenu du site web. Tous ces changements impliquent qu'un certain nombre de liens peuvent encore être présents sur le site mais ne conduire l'internaute nulle part.

Il faut alors procéder à une détection des liens brisés du site web. Des solutions en ligne (http://www.verification-des-liens.com) ou des logiciels (Xenu's Link Sleuth) permettent de vérifier les liens brisés des sites web. Leurs champs d'action couvrent l'appel des images, des feuilles de style et JavaScript externes.

2.7 La recette graphique

Lors de la recette des éléments graphiques, il faut s'assurer du respect de tous les éléments de la charte graphique précédemment validés.

Parmi les points de contrôle, l'accent doit être mis sur la qualité des visuels fournis (pixellisation, compatibilité multinavigateur) et le respect des standards web (rapport poids/qualité de l'image). La qualité des feuilles de style, des animations Flash ou gifs animés doit également être regardée à la loupe.

Il est important, avant toute validation, de s'assurer d'avoir en sa possession les sources qui ont permis de réaliser les visuels et de vérifier que les images utilisées sont bien libres de droits ou que ceux-ci ont été transférés contractuellement.

Des outils en ligne permettent facilement de mesurer le poids d'une page Internet et de préciser le poids et le temps d'affichage de chaque élément la constituant (http://tools.pingdom.com/fpt/, http://analyze.websiteoptimization.com).

2.8 La validation

Lorsque l'on parle de validation des livrables du site web, il est important d'en mesurer toute la portée. En effet, le fait de valider un livrable dégage le responsable de sa fourniture de tout engagement de correction. Il peut tout simplement facturer une prestation si la modification demandée intervient après la validation.

Pour avoir une vue d'ensemble, il est judicieux, pour le chef de projet web, de se constituer un tableau récapitulatif des différentes recettes, reprenant tous les grands points de chacune d'entre elles.

Type de recette		**Technique**				
Intitulé du test	**Responsable recette MOA**	**Date début**	**Date de fin prévue**	**Nbre anomalies**	**Nbre de corrections**	**État**
Montée en charge	F. Tanguy	15 juin 2011	15 juillet 2011	10	8	En cours
Commentaires		Le site ne supporte pas plus de trois mille connexions simultanées, le cahier des charges en prévoyait cinq mille. Outils utilisés : Siege et Qtest				

Type de recette		**Graphique**				
Intitulé du test	**Responsable recette MOA**	**Date début**	**Date de fin prévue**	**Nbre anomalies**	**Nbre de corrections**	**État**
Poids images	M. Philippe	15 juin 2011	15 juillet 2011	0	0	Validé
Commentaires		Le poids des images est conforme à nos attentes. Le livrable est validé. Outil utilisé : Pingdom				

Pour chaque test validé, le chef de projet web peut signer un procès-verbal de recette. Ce document contractuel valide officiellement la conformité des livrables et libère le prestataire de ses obligations.

2.8.1 Le procès-verbal de recette

Le procès-verbal de recette est un élément contractuel très important, puisqu'il libère le prestataire de ses obligations et déclenche la facturation du prestataire (officialisant de fait la date de début de la période de garantie si celle-ci était définie).

L'entreprise doit donc prendre soin de bien valider tous les livrables avant de signer le PV de recette. La validation des livrables étant entièrement du ressort de l'entreprise, celle-ci n'aura plus de moyens de pression en cas de mauvaise recette.

Le PV de recette doit contenir les éléments suivants :

- Liste des livrables concernés : il est possible de faire un PV par élément livré ou de faire un PV par lot.
- Réserves éventuelles : si l'entreprise n'a pas pu tester, faute de configuration nécessaire ou d'environnement technique adapté, elle peut émettre des réserves.
- Date de la signature du document : elle servira de date de référence pour la période de garantie.
- Prénoms, noms, fonctions et signatures des deux parties.

Le chef de projet web doit archiver rigoureusement les PV de recette car ceux-ci seront une pièce majeure en cas de litige entre les deux parties.

Lorsque les PV de recette ont validé les livrables, le site web est prêt à être mis en ligne. Si ce n'est pas le cas, il faut refaire les tests jusqu'à ce que le site soit complètement conforme aux attentes exprimées dans le cahier des charges et précisées lors de la phase de conception.

Chapitre 7
La mise en ligne et la phase d'exploitation

1. La mise en ligne

La mise en ligne est l'aboutissement du projet web. Tout ce qui a été pensé et réalisé va se retrouver en ligne, soumis à l'appréciation d'une population internaute que l'on a ciblée et pour laquelle on a essayé d'anticiper les attentes. C'est le moment de vérité. Mais le projet web ne s'arrête pas là pour autant. Tout va-t-il bien se passer pendant cette mise en ligne, le site va-t-il rencontrer le succès escompté, l'organisation interne mise en place va-t-elle réussir à maintenir ce site ? Toutes ces questions surgissent au moment de la mise en ligne. Cette phase n'est pas anodine, il faut la considérer comme une phase importante du projet, avec une méthodologie adaptée si l'on ne veut pas trébucher devant la ligne d'arrivée.

L'organisation et le déroulement seront différents s'il s'agit d'une première mise en ligne d'un site inexistant ou s'il s'agit d'une nouvelle version d'un site existant.

1.1 La mise en ligne d'un site inexistant

Lorsque le site web est inexistant, il est préférable de travailler sur un calendrier de deux dates. La première est la date sur laquelle les services marketing et communication vont communiquer, ce sera la date officielle de lancement du site web. Les campagnes marketing ou de communication pourront communiquer sur cette date de lancement.

La deuxième date est la date officieuse. Celle qui permet de mettre en ligne le site sans que l'internaute soit au courant. Cette mise en ligne permet de tester le bon fonctionnement du site, de mettre en ligne les derniers contenus à jour, de tester l'ensemble des flux externes.

Cette méthode n'est pas issue des cas théoriques mais des cas pratiques. Il est risqué de faire un grand show sans une dernière répétition en situation réelle. Internet le permet, il serait dommage de s'en priver.

1.1.1 La mise en ligne d'un site caché

Lorsque l'on réserve un nom de domaine, il faut renseigner l'adresse IP (emplacement physique) du site Internet. Une période de 48 h environ de propagation auprès de tous les DNS est nécessaire pour que le nom de domaine redirige vers le serveur hébergeant le site web.

Ce qui veut dire que l'on peut héberger le site web sur un serveur en ligne sans que celui-ci soit visible des internautes, tout du moins tant que l'on n'a pas renseigné la correspondance IP du serveur.

Il est donc tout à fait possible de mettre en ligne le site web en mode caché. L'équipe en charge de son déploiement pourra tester son fonctionnement, roder les processus de mise à jour, de sauvegarde en situation réelle.

Lorsque le site web répond à toutes les attentes et que tous les processus sont opérationnels, il suffit de renseigner la correspondance IP/nom de domaine pour que celui-ci soit visible des internautes.

Dans ce cas, il faut créer une page index.htm, qui sert de page par défaut, sur laquelle il est précisé que le site web sera prochainement en ligne. En saisissant le nom de domaine, les internautes arriveront sur cette page. Dans la future version du site web, hébergée à côté, il conviendra de renommer la page index en index2. Le nouveau site, ainsi invisible, pourra être testé en situation réelle, à l'abri du regard de l'internaute.

Il faut toutefois être prudent, puisque les moteurs de recherche et notamment Google annexeront ce site caché et pourront restituer des pages de ce site caché. Pour éviter que ces pages soient visibles, il est conseillé d'ajouter ce code temporairement entre les balises <HEAD> et </HEAD>.

```
<meta name="robots" content="noindex, nofollow" />Ne pas indexer
la page et ne pas suivre les liens
```

1.1.2 Le déploiement

Lorsque le site caché (ou en ligne, si l'option site caché n'est pas retenue) est validé, il peut être mis en ligne et rendu visible par l'ensemble des internautes. Dans un cas il suffit de renseigner l'adresse du serveur vers laquelle le nom de domaine doit rediriger, dans l'autre cas de renommer le fichier index2 en index afin de présenter la bonne page d'accueil. Dans les deux cas, un temps de propagation d'au moins 48 h est nécessairement à prendre en compte.

Sans l'option site caché, le site et toute l'architecture technique hébergés sur l'environnement de recette sont répliqués à l'identique sur le serveur de production.

Dès lors, le site web est en ligne et consultable par les internautes. Toute modification sur celui-ci peut entraîner une gêne à l'utilisation.

1.2 La mise en ligne d'une nouvelle version

Il est fréquent aujourd'hui qu'une version de site existe déjà sur Internet. Même si celle-ci ne répond plus aux attentes de l'entreprise, les pages sont présentes dans les principaux moteurs de recherche et certains prospects ou clients ont bookmarqué (ajouté aux favoris) des pages. La mise en ligne de la nouvelle version doit prendre en compte l'existant si elle ne veut pas perturber ces internautes.

1.2.1 La gestion de l'existant

Avant la mise en ligne d'une nouvelle version du site, il est capital de faire un inventaire de l'existant. Cet exercice fastidieux permet d'éviter d'afficher une page d'erreur de type 404 (page inexistante) sur l'écran des internautes. Afin d'éviter que ceux-ci pensent que le site et par conséquent l'entreprise n'existent plus, il est impératif de trouver une parade pour que l'existant et les nouvelles pages du site web soient accessibles à l'ensemble des utilisateurs.

Lorsque la première version du site web a été mise en ligne, les moteurs de recherche ont indexé l'ensemble des pages de celui-ci. Lorsqu'un internaute saisit un mot-clé pertinent, il se peut que le moteur lui restitue un lien vers une page du site web qui n'existe plus dans la nouvelle version. Cela est d'autant plus vrai si un travail de référencement a été effectué sur ces pages. Il est dommage que le temps et l'argent investis sur ce référencement se soldent par l'affichage d'une page d'erreur de type 404 (page inexistante). Sans parler des internautes qui en déduiront que l'entreprise n'existe plus.

Pour récupérer ces internautes, il existe trois solutions.

La première consiste à utiliser les mêmes noms de pages dans la nouvelle version du site. Les anciennes pages seront systématiquement remplacées par les nouvelles. Les moteurs de recherche, en répertoriant uniquement le nom des pages, redirigeront vers celles-ci. Les internautes ne seront pas perturbés à partir du moment qu'ils arrivent bien sur le site web convoité.

La deuxième solution consiste à insérer, dans chaque ancienne page dont le nom n'est pas réutilisé dans la nouvelle version, un code de redirection. Après avoir inventorié l'ensemble des pages anciennes, il faut laisser sur l'environnement de production les pages sous le même nom mais en insérant un code de redirection. Ainsi, si la page bien référencée dans les moteurs de recherche est site-web.htm, celle-ci peut rediriger l'internaute vers la page site-internet.htm. Il suffit d'insérer entre les balises <HEAD></HEAD> de l'ancienne page le code :

```
<meta http-equiv="Refresh" content="0;url=nouvellepage.htm">
```

Le navigateur rebondira sur la nouvelle page et l'internaute sera automatiquement redirigé vers celle-ci.

La troisième solution consiste à personnaliser la page d'erreur de type 404 (page inexistante). Lorsque la page demandée est absente du serveur, celui-ci affiche une page nommée 404.htm. Il est possible de personnaliser cette page en précisant par exemple que la page demandée n'existe plus et en ajoutant le plan du site. Ainsi l'internaute pourra cliquer sur le lien lui semblant le plus approprié.

1.3 Le lancement et la promotion

Le site web d'une entreprise répond à deux objectifs : faire de la communication et gagner des parts de marché sur la concurrence. Être présent sur Internet permet d'augmenter ses ventes de services ou de produits, de communiquer directement avec son public cible ou ses clients, d'accroître sa notoriété, de servir de relais aux actions marketing et commerciales ou encore, de s'exposer à l'international. Compter sur sa seule présence sur Internet pour se faire remarquer devient de plus en plus difficile tant le nombre de sites web augmente tous les ans. Il faut toutefois acter que lorsqu'une entreprise est présente sur Internet elle l'est de façon durable. Chaque action entreprise pour augmenter la visibilité du site web ne peut être que bénéfique. Ces actions de promotion qu'elles soient courtes ou longues génèrent du trafic sur le site web et ce trafic ne retombe pas à néant lorsque l'action de promotion s'arrête.

1.3.1 Le référencement auprès de moteurs de recherche

Le référencement dans les moteurs de recherche est aujourd'hui incontournable.

D'après l'étude réalisée par le moteur de recherche Yahoo!, plus de 90 % des internautes réalisent chaque mois des requêtes sur un moteur de recherche. Rechercher sur Internet est devenu la première activité, devant la correspondance par courrier électronique.

79 % des internautes interrogés par Yahoo! utilisent plusieurs mots clés dans la majorité de leurs requêtes. Les internautes sont par ailleurs pressés puisque 61 % d'entre eux ne vont pas plus loin que la première page de résultats.

Les principaux moteurs de recherche ont tellement progressé et évolué qu'il n'est même plus nécessaire de se faire référencer. Ce sont eux qui viennent consulter les pages du site pour les indexer dans leurs gigantesques bases de données, souvent dans un laps de temps remarquable d'ailleurs. C'est désormais au développeur de préciser dans le code source des pages qu'il ne souhaite pas les voir indexées.

En France, avec plus de 90 % de part de marché, le moteur le plus utilisé est Google (cette ultradomination se vérifie également au niveau mondial). Arrivent derrière Bing (le moteur de Microsoft) autour des 3,5 % et Yahoo! (autour de 1,5 %).

Le positionnement dans les pages des moteurs de recherche est un travail fastidieux qui s'inscrit dans le temps. Des actions simples suffisent à se positionner sur des mots clés pertinents, sans obligatoirement solliciter l'aide de professionnels. Leur expertise, en revanche, est fortement conseillée lorsque le positionnement dans les premières pages de résultats des moteurs de recherche est stratégique pour l'entreprise.

Il existe deux méthodes de référencement : le référencement naturel, qui est gratuit mais nécessite un gros travail sur l'architecture et le contenu du site Internet, et le référencement payant, qui consiste à acheter des mots clés stratégiques pour l'entreprise. Les résultats par méthode (référencement payant puis naturel) sont affichés consécutivement sur la même page.

1.3.2 Les listes de diffusion (newsletter)

Si l'actualité de l'entreprise, son organisation et sa ligne éditoriale le permettent, la diffusion régulière d'une newsletter est un très bon moyen de promotion pour générer du trafic.

Certes la rédaction de cette newsletter représente du travail et mobilise des équipes, mais elle présente plusieurs avantages. Tout d'abord elle permet de fournir régulièrement un contenu d'actualité pour le site Internet. Ensuite elle permet de fidéliser les visiteurs qui restent en contact avec le site web. Enfin, elle permet de se constituer une liste de contacts réutilisable pour des opérations marketing. À condition, évidemment, de bien respecter les obligations réglementaires dictées par la CNIL et de bannir le spam.

1.3.3 Les programmes de partenariats (affiliation)

Un programme de partenariat est intéressant puisqu'il consiste à attirer vers son site web des visiteurs d'autres sites web, de préférence à forte audience.

En règle générale, l'affiliation est très utilisée par les sites de e-commerce. Les sites affiliés affichent une bannière ou un bouton publicitaire mettant en avant l'offre du site marchand. Lorsqu'un internaute clique sur ce lien et achète sur le site marchand, le site affilié reçoit une commission financière.

Mais ce partenariat peut se faire sous une autre forme, notamment en mettant en place des échanges de liens ou de publicités. Ce type de partenariat a un double effet puisqu'il améliore le référencement, si le site propose du contenu en adéquation avec le mot-clé recherché bien sûr.

Des professionnels se sont spécialisés dans l'affiliation et sont capables de proposer un programme de sites affiliés adapté à la cible recherchée.

1.3.4 La prospection par e-mail

La prospection par e-mail (e-mailing) est l'un des moyens de recrutement les plus utilisés sur Internet. Il consiste à envoyer un e-mail de promotion ou de présentation de l'offre de l'entreprise à des prospects sélectionnés. Cet e-mail incite le destinataire à cliquer sur un lien qui le dirige vers le site Internet.

Cette pratique marketing est aujourd'hui très encadrée par la CNIL suite à de nombreux abus, notamment l'envoi de spam (envoi d'e-mail à des personnes qui n'ont rien demandé).

L'efficacité de l'e-mailing est basée sur la qualité du message transmis et sur la qualité du fichier de prospects. Une campagne d'e-mailing a un coût qui peut varier du simple au double. Ce qui fait la différence, c'est la qualité du prospect. Les listings de prospects se louent. Plus celui-ci est précis, plus l'envoi sera ciblé et meilleur sera le taux de transformation (le prospect clique sur le lien).

Il existe beaucoup de professionnels et d'outils de suivi des envois qui garantissent une optimisation maximale de l'e-mailing, tout en respectant la réglementation.

1.3.5 La publicité

Il existe sur Internet plusieurs façons de faire de la publicité au sens propre du terme. On peut faire de la publicité sur les sites à très forte audience ou déléguer une personne pour alimenter les forums et autres sites de type réseaux sociaux.

L'enjeu est de se faire connaître et de générer du trafic sur le site web de l'entreprise. Quel que soit le mode de publicité retenu, le mot d'ordre doit être la cible. En effet, gaspiller de l'énergie et du temps pour attirer du trafic à très faible valeur ajoutée ne sert pas à grand-chose, à moins que ce ne soit pour faire du buzz marketing (faire du bruit autour du lancement d'un produit).

Les modes de publicité les plus utilisés sont :

Les bandeaux publicitaires

Certains sites web à très forte audience attirent des milliers d'internautes par jour. Ils louent des espaces publicitaires qui, s'ils sont bien ciblés, assurent aux locataires une augmentation ponctuelle du trafic assez significative. Ces campagnes publicitaires ont un coût relativement élevé et sont généralement intégrées dans des campagnes de marketing de recrutement.

Les bandeaux publicitaires sont la forme la plus commune de publicité sur les sites Internet. On peut soit acheter de l'espace publicitaire, qui en général est géré par des agences spécialisées, soit mettre en place une politique d'échange de bannières intersites. Cette dernière étant en règle générale mise en place entre petits sites, après un accord tacite entre les représentants ou les webmasters.

Les forums

En publiant des annonces dans les newsgroups ciblés, en participant à des discussions, l'interlocuteur identifié comme appartenant à l'entreprise peut générer un trafic ciblé.

Les communiqués de presse

Les journalistes sont une bonne source de trafic à travers les articles qu'ils rédigent sur l'entreprise ou sur le site web. Il est important de les solliciter. La première façon consiste à leur envoyer les communiqués de presse de l'entreprise. La deuxième façon est de leur proposer un espace presse sur le site web qui leur permettra de retrouver rapidement sous une seule rubrique des informations qui leur sont dédiées.

Les articles de presse permettent également d'augmenter la notoriété et la crédibilité du site web.

Les réseaux sociaux

C'est devenu un incontournable. Toutes les grandes marques, toutes les grandes sociétés ont leur profil Facebook par exemple. Faire de la publicité sur les réseaux sociaux permet de connaître rapidement l'engouement du public pour les produits ou les services que l'entreprise propose. Cela permet également de rester en contact avec une communauté créée autour de la marque.

Même si cette publicité reste accessible financièrement, elle peut être redoutable. Une campagne de promotion mal préparée peut très vite déraper et se transformer en calvaire pour l'entreprise. La communication sur les réseaux sociaux va vite ; si la marque ou les produits obtiennent l'adhésion du public, le succès peut être rapide mais la règle est valable également dans l'autre sens.

Si l'entreprise ne maîtrise pas le fonctionnement des réseaux sociaux ou si elle veut lancer une campagne marketing, mieux vaut dépenser quelques euros en s'octroyant les conseils d'un expert.

1.3.6 La veille concurrentielle

Dans toute stratégie de conquête économique, la veille concurrentielle est incontournable. Cette veille permet de se tenir informé des changements technologiques et sociologiques du secteur d'activité qui peuvent avoir des répercussions sur le mode de fonctionnement de l'entreprise. Elle permet surtout d'évaluer les capacités de ses concurrents afin de situer son positionnement.

Il faut mettre en place une veille qui détermine quels sont les produits, les marchés et les secteurs d'activité dans lesquels l'entreprise doit investir ou se désengager. Cette veille n'a pas un impact direct sur les ventes de l'entreprise, toutefois elle doit être prise en compte dans la stratégie de l'entreprise.

La veille concurrentielle Internet consiste à déterminer la stratégie de positionnement du concurrent en analysant ses publicités, sa présence sur les réseaux sociaux, les fonctionnalités que le site propose, etc.

1.3.7 L'analyse continuelle de la campagne de prospection

Lorsque l'entreprise décide de faire une campagne de prospection sur Internet, il faut être en mesure d'analyser qualitativement et quantitativement l'impact de cette campagne. Au-delà du calcul de retour sur investissement, cette mesure permettra d'affiner les prochaines campagnes en capitalisant sur le retour d'expérience.

Une campagne réussie doit avant tout faciliter par tous les moyens les prises de contact avec l'entreprise (formulaires, jeux-concours, échantillons gratuits, etc.). Les éléments de mesure significatifs sont le nombre de pages vues, le nombre de visiteurs, l'origine géographique, les heures de trafic. Tous les outils d'analyse d'audience collectent ce genre d'information (et bien plus encore).

1.4 Les formations

Pour que le site soit attrayant et propose des contenus de qualité et fréquemment renouvelés, il faut une organisation interne qui soit autonome et compétente dans la publication.

Le chef de projet web doit donc mettre en place des actions de formation qui s'inscrivent en général dans la stratégie de conduite de changement résultant de la mise en fonctionnement d'une nouvelle application web. Il doit définir un plan de formation, des supports de formation, des budgets de formation et organiser cette formation. Il est malheureux de constater encore aujourd'hui que le budget alloué aux formations des utilisateurs est trop souvent insuffisant.

1.4.1 Le plan de formation

La formation est une phase très importante. Si celle-ci est prise à la légère, les utilisateurs n'adhéreront pas à l'outil et le site web sera un site dénué de toute activité, obsolète. Il est nécessaire de prendre cette phase de formation au sérieux et de commencer par élaborer un plan de formation.

Dans un premier temps, il faut définir un calendrier qui précise la durée et la fréquence des séances. Il est préférable de privilégier des séances de formation de courte durée mais fréquentes. D'une part il est difficile de mobiliser plusieurs utilisateurs d'une même entreprise plusieurs jours de suite et d'autre part, si la formation est longue, les utilisateurs n'enregistreront pas vraiment ce qu'ils ont appris.

Par exemple, pour une formation initialement prévue de dix jours pour la prise en main d'un outil de gestion de contenu web, on peut envisager une journée par semaine pendant dix semaines. Durant cette journée le formateur alternera la théorie et des cas pratiques avec mise en situation. L'information sera bien mieux assimilée ainsi que si la formation avait duré dix jours d'affilée.

Entre les sessions de formation, l'utilisateur mettra en pratique ce qu'il a appris en s'appuyant sur les supports de formation mis à sa disposition et en ayant accès à l'application.

1.4.2 Les supports de formation

Les supports de formation doivent être complémentaires de la session de formation. Pour résoudre un problème, les utilisateurs, en règle générale, ont le réflexe de trouver l'information par eux-mêmes avant de solliciter le recours à une tierce personne.

Les supports de formation doivent avant toute chose permettre d'accéder directement à l'information sans être obligé de consulter tout le support en entier.

Si le support de formation est sous format papier, il faut mettre au début de l'ouvrage une table des matières claire et un index des principaux mots-clés utilisés dans l'ouvrage. Ces supports doivent être pensés et rédigés comme un site web. C'est-à-dire que le lecteur doit pouvoir trouver l'information rapidement mais en plus choisir entre le mode texte et le mode visuel. Un bon schéma ou un bon tableau valent quelquefois plus qu'une page de texte.

Si le support est sous forme numérique, on privilégiera la présentation sous forme de portail intranet avec un moteur de recherche interne.

Une page peut suffire pour répertorier tous les supports de formation à la disposition de l'utilisateur. Un exemple concret (capture d'écran, capture vidéo) est très vite assimilé. Les principales fonctionnalités de l'application web doivent être isolées et présentées sous forme de liste (ex : insérer une photo, positionner un bloc de texte dans la page, etc.). Un lien sur l'intitulé permet d'ouvrir le support en pop-up par-dessus la page active.

Enfin il est souvent nécessaire, surtout au début des sessions de formation, de mettre à disposition des utilisateurs une assistance téléphonique (souvent le chef de projet lui-même) qui soit capable de les aider individuellement.

Les trois supports combinés permettent de définir la charge de formation globale.

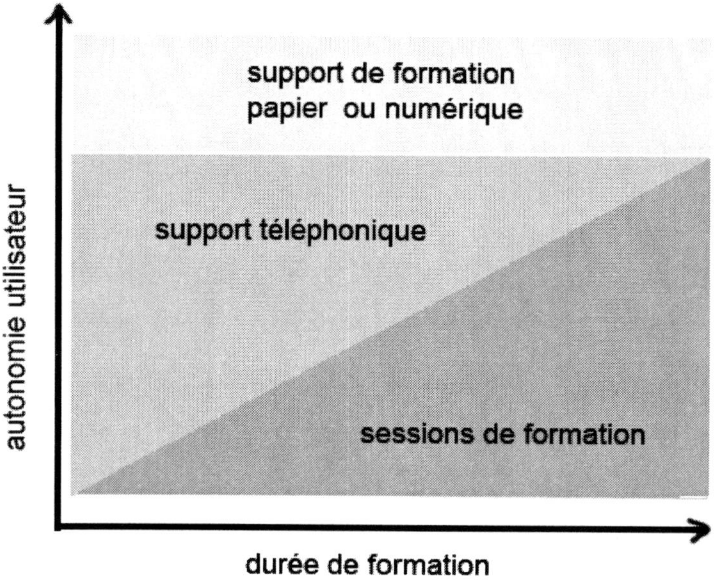

1.4.3 L'organisation des formations

En règle générale, les sessions de formation sont organisées au sein de l'entreprise. Une salle de réunion est réquisitionnée et des postes utilisateurs sont installés. Il est préférable que chaque utilisateur ait son poste de travail.

Le calendrier des sessions de formation est envoyé à l'ensemble des utilisateurs avec la convocation, au minimum trois semaines à l'avance.

Dans un premier temps, le formateur commence la réunion en rappelant l'objectif et les enjeux du projet. Il présente rapidement le déroulement de la formation et des différentes sessions, l'assistance téléphonique et les supports de formation mis à disposition, il communique le calendrier des sessions de formation et s'assure de la présence de tous les participants aux prochaines séances, si cette démarche n'a pas été effectuée au préalable.

Dans un deuxième temps, le formateur passe en revue succinctement l'intégralité des fonctionnalités de l'application qui devront être assimilées pendant la période de formation et leurs interactions avec le site web.

Enfin, le formateur procède à sa formation en faisant réaliser aux utilisateurs des scénarios de test en situation réelle. Lors de la rédaction des scénarios de test, le formateur pourra introduire volontairement des cas de non-fonctionnement. Il se servira de ces erreurs pour expliquer la mauvaise action qui est à l'origine du problème et apportera la solution.

À la fin de chaque session, le formateur rappelle que l'assistance téléphonique est mise à disposition pour les cas d'urgence et qu'il est préférable d'utiliser le support numérique d'autoformation.

2. La phase d'exploitation

La phase d'exploitation commence lorsque la phase de création est terminée, c'est-à-dire une fois que le site Internet est en ligne. Il faut désormais faire vivre ce site web en s'assurant notamment que les processus qui l'alimentent ont bien été identifiés et implémentés.

2.1 Le processus d'exploitation

Avant toute chose, il est important d'identifier l'ensemble des processus d'exploitation qui vont faire vivre le site web et mettre en place l'organisation adaptée. En règle générale, on distingue deux grandes familles de processus : les processus techniques (assistance, sauvegarde, sécurité, intégration, etc.) et les processus fonctionnels (mise à jour de contenu, animation, analyse, etc.).

Un comité d'exploitation est constitué, il est composé des acteurs de la maîtrise d'ouvrage et de la maîtrise d'œuvre et est animé par les chefs de projet fonctionnel et technique web. Après avoir recensé l'ensemble des processus d'exploitation, la MOA et la MOE doivent apporter des réponses concrètes aux questions : Qui ? Quoi ? Comment ?

Le comité d'exploitation doit également définir les tâches qui seront réalisées en interne et celles qui seront confiées à un prestataire extérieur.

Chaque processus peut être présenté sous forme de fiche. Le classement par fiche permet de les retrouver plus facilement. L'ensemble des fiches processus doit être centralisé sur un serveur partagé et accessible à l'ensemble des intervenants.

2.2 L'exploitation technique

2.2.1 Sauvegarde des serveurs

La sauvegarde du site web et de tous ces contenus est obligatoire. Le site web peut à tout moment être indisponible pour des raisons externes (intrusion, virus, etc.) ou internes (évolution logicielle défaillante, mauvaise manipulation humaine, etc.). En règle générale, les sauvegardes concernent les serveurs d'hébergement des éléments du site (pages, images, styles) et les serveurs de bases de données (contenus).

D'autre part, pour des raisons réglementaires, certains sites doivent pouvoir fournir le contenu intégral publié jusqu'à 10 ans en arrière. C'est le cas par exemple, des sites fournissant des conseils financiers.

Pour les serveurs qui hébergent les éléments du site, la fréquence des sauvegardes idéale est hebdomadaire pour une sauvegarde complète et quotidienne pour une sauvegarde incrémentale (uniquement les données qui ont été modifiées depuis la dernière sauvegarde).

Pour les serveurs de bases de données, il y a deux types de sauvegardes. La première dite "à chaud" s'effectue sans interruption de service de la base de données. Celle-ci est idéale si le site web nécessite une haute disponibilité. Ces sauvegardes sont susceptibles de ralentir les temps de réponse du site pendant leur déroulement. Cette solution nécessite une architecture spécifique qui représente un coût non négligeable.

L'autre mode de sauvegarde, plus traditionnel, consiste à sauvegarder la base de données sous forme de fichiers plats. Cette solution nécessite une interruption des services et s'effectue en général pendant les heures creuses de consultation du site web (la nuit par exemple).

Les sauvegardes seront stockées sur des serveurs dédiés répondant également à des normes de sécurité spécifiques. Il arrive fréquemment que ces serveurs soient sauvegardés également. La durée de stockage des sauvegardes est propre à chaque entreprise ou hébergeur.

Le critère important à prendre impérativement en considération avec la sauvegarde est la restauration des données. Celle-ci peut être plus ou moins rapide selon l'architecture matérielle. Cette restauration peut également se faire "à chaud" ou en interrompant les services du site web.

Ce comité composé de l'ensemble des responsables éditoriaux (tous issus de la maîtrise d'ouvrage) peut se réunir une fois par mois afin de faire un point sur les contenus du site. Lors de cette réunion, les problèmes rencontrés pour la publication de contenu seront analysés.

S'il s'avère nécessaire, des contenus peuvent être redéfinis, supprimés ou allégés. Enfin certaines évolutions organisationnelles ou fonctionnelles peuvent être apportées pour fluidifier cette chaîne de publication. Ce comité est d'autant plus important que le nombre de responsables éditoriaux est important et qu'ils appartiennent à des services ou entités différents. Ces réunions permettent quelquefois de se rendre compte que des contenus sont publiés deux fois sur deux sites différents et qu'il est possible de partager des contenus. Les retours d'expérience de ces différents utilisateurs donnent un aperçu complet des modifications à apporter à la chaîne de publication.

2.3.2 Évolutions fonctionnelles

Le site web n'est jamais figé dans le temps, il est évolutif. Il doit en permanence présenter du contenu récent et s'adapter aux comportements des internautes qui le visitent. L'étude des comportements à travers l'analyse des audiences de site permet rapidement de repérer les usages des visiteurs du site. Ce qu'ils viennent voir, le chemin qu'ils parcourent, le temps de visite sont autant d'éléments qui permettront de procéder à quelques réajustements de positionnement de contenu sur la page d'accueil ou dans la navigation du site.

Si le suivi est rigoureux, ces modifications peuvent intervenir rapidement. Lorsqu'il s'agit de modification de rubriquage ou de redéfinition de la page d'accueil, cela ne nécessite pas de gros développements. En règle générale, si le site web est administré par un CMS, ces changements peuvent se faire "à chaud", directement depuis l'interface administrateur, sans que le site s'en retrouve perturbé.

En revanche, si des évolutions plus lourdes impactant la structure du site par exemple ou l'organisation des services internes venaient à être décidées, il convient de rentrer dans un processus de maintenance évolutive. Ce qui revient à mettre en œuvre une méthodologie de mini-phase de projet.

2.2.2 Sécurité

Dans le cahier des charges, il a été défini un niveau de sécurité requis pour le site web. Une fois que la solution de sécurité a été mise en place pour le lancement du site, celui-ci est temporairement sécurisé. Le monde de la sécurité informatique est en perpétuelle évolution. Les solutions et les mesures de protection sont rapidement obsolètes. Une bonne sécurité entraîne indéniablement un suivi permanent des architectures matérielle et logicielle de sécurité et leurs mises à jour régulières.

Cette surveillance, variable selon le degré de sécurité, peut très vite s'avérer être une charge financière non négligeable.

Ce suivi peut être effectué par le responsable de la sécurité des Systèmes d'Information dans les grandes entreprises ou confié à un prestataire spécialisé (généralement l'hébergeur du site web).

2.2.3 Surveillance de la disponibilité

Afin de garantir une disponibilité du site web conforme au cahier des charges, il peut être nécessaire de mettre en place une surveillance (monitoring en anglais) qui consiste à vérifier la disponibilité d'un site web. L'objectif étant de tester les conditions d'accès et de visibilité présentées aux internautes.

Cette surveillance est réalisée généralement par des logiciels externes, installés sur le réseau Internet. L'administrateur du site peut paramétrer la fréquence de vérification. Si une erreur est détectée, une alerte (e-mail, SMS) est envoyée à l'administrateur du site web.

Des rapports de test sont édités à fréquence régulière indiquant le taux de disponibilité du site web.

2.2.4 Intégration des flux de données

Il est fréquent que des flux de données externes viennent alimenter les bases de données du site web afin qu'il présente un contenu actualisé. C'est le cas notamment pour afficher le cours d'une action précise ou reconstituer un graphique à partir des données reçues.

Cette intégration doit impérativement faire l'objet de mesures de contrôle drastiques. Il faut éviter autant que possible l'intégration de données externes en direct sur les serveurs de production. L'administrateur du site ne peut plus contrôler la disponibilité de l'information et sa véracité.

Il est préférable de tester l'information fournie, en faisant tourner par exemple une routine qui vérifie que le contenu existe et qu'il est présenté sous la forme attendue (nomenclature, structure du fichier). Ce n'est qu'une fois validée que l'information peut être envoyée au serveur de production.

2.2.5 Mises à jour matérielles et logicielles

Toute infrastructure matérielle ou logicielle informatique nécessite un jour ou l'autre des mises à jour. Qu'il s'agisse de patchs correctifs pour les CMS ou le système d'exploitation du serveur, ou encore de l'ajout de disque dur sur un serveur. Ces mises à jour sont nécessaires si l'on veut garder un système informatique à niveau.

Les mises à jour logicielles doivent s'effectuer en premier lieu sur les serveurs de recette paramétrés exactement comme le serveur de production. Ce n'est seulement qu'après avoir effectué consciencieusement les tests de non-régression que la mise à jour peut être installée sur le serveur de production.

Les mises à jour matérielles entraînent un arrêt du site Internet durant l'intervention. Le site web est momentanément indisponible. Ces mises à jour techniques doivent être programmées à l'avance. Il conviendra d'informer les collaborateurs internes en contact avec les clients, voire d'informer directement les clients dans le cas des sites extranet ou intranet et de planifier pendant une période creuse de consultation (généralement la nuit).

2.2.6 Support technique

Il est indispensable qu'un support technique soit à la disposition des utilisateurs fonctionnels du site (marketing, commerciaux, etc.). Ce support peut être joignable par téléphone (hot-line) ou par e-mail.

Les utilisateurs fonctionnels de l'entreprise n'ont en général pas de compétences techniques, ils paniquent lorsqu'une anomalie surgit sur le site Internet et peuvent vite affoler toute l'entreprise pour quelque chose qui s'explique techniquement. Il est par conséquent crucial qu'un support technique soit nommé, même s'il ne s'agit que d'une personne. Ce support technique est l'interlocuteur du service technique, il centralise les relevés d'anomalie.
Il prend en compte la remarque et la confie à un technicien compétent pour résolution.

En règle générale, dans les entreprises, ce support technique répond à tc problème d'ordre informatique (postes utilisateurs, réseaux, serveurs, mot passe oublié, etc.).

2.2.7 Plan de continuité d'activité

Certaines grandes entreprises, après mesure des risques, ont mis en place u plan de continuité d'activité. Il s'agit de doublonner tout ou partie des serveu et outils informatiques qui assurent l'activité de l'entreprise. Il peut s'agir d'u risque d'inondation, de terrorisme, etc. Les serveurs utilisés pour les site Internet doivent évidemment faire partie de ce plan. Si le site web est héberg à l'extérieur de l'entreprise, il peut être raisonnable de s'assurer que ce prestataire a également pris ses dispositions s'il se sent concerné par ces risques.

2.3 L'exploitation fonctionnelle

On entend par exploitation fonctionnelle, toute la matière vivante du site web, c'est-à-dire l'animation quotidienne. Il peut s'agir des contenus, sous toutes les formes ou des évolutions de fonctionnalités du site web. L'organisation de cette exploitation fonctionnelle est indispensable si l'on veut pérenniser la publication de contenu et toujours présenter un site de qualité.

2.3.1 Suivi éditorial

Si elle a été bien élaborée lors des phases de conception et de réalisation, la chaîne de publication éditoriale fonctionne à merveille. Les rédacteurs rédigent les contenus, les administrateurs les valident et les publient. Toutefois cette chaîne reste fragile. En effet, les facteurs de risques liés à l'humain peuvent compromettre son bon fonctionnement (absence, démission, manque de temps).

Il faut veiller à mettre en place un suivi éditorial. Celui-ci peut se matérialiser sous la forme de séances de navigation hebdomadaire. Ces séances ont pour mission de vérifier que le contenu est récent, particulièrement les actualités. Toute anomalie doit être constatée. Un comité éditorial peut être constitué au sein de l'entreprise.

3. Les maintenances

La maintenance consiste à apporter des modifications au site web livré, sans que celles-ci altèrent son bon fonctionnement ou ses fonctionnalités de base. Elle a pour objectif de rectifier les anomalies et de prendre en compte les évolutions demandées par les utilisateurs.

Deux types de maintenances existent : la maintenance corrective, qui consiste à corriger les erreurs, et la maintenance évolutive, qui revient à développer de nouvelles fonctionnalités.

3.1 La maintenance corrective

Malheureusement il est courant que la livraison d'un site web nécessite dans les premiers temps une phase de corrections des bugs d'usage. Il peut s'agir de petits dysfonctionnements constatés lors de la phase de recette mais qui n'étaient pas catalogués comme bloquants ou de nouveaux cas jusque-là jamais constatés.

En règle générale, l'équipe en charge des développements met à la disposition de l'entreprise une équipe de tierce maintenance applicative (TMA) qui est en charge de corriger les bugs et de livrer les correctifs au fur et à mesure.

Ce processus de livraison "à chaud" est certes réactif mais il introduit des effets de bord qui ne sont pas toujours sans impacts sur l'existant. Il est fréquent que les développements soient effectués sous forme de rustines, sans respect des normes de développement en vigueur.

En fait, il est recommandé de formaliser ce cycle de maintenance corrective en le découpant en trois étapes :

- La centralisation des incidents : tous les incidents doivent être centralisés à un seul endroit après avoir été vérifiés par le chef de projet web. Il est fréquent de rencontrer des situations où les utilisateurs envoient directement leurs demandes de débogage, sans suivi, sans planning, sans priorisation. L'équipe en charge du développement se retrouve débordée par la correction de bugs qui ne sont pas prioritaires. La centralisation peut se faire dans un portail d'entreprise ou un extranet afin de limiter les problèmes de versionning des documents.

- La planification des corrections : lorsque les bugs ont été déclarés, l'équipe des développeurs va pouvoir planifier la correction de ceux-ci et la livraison. Elle priorisera les corrections selon la norme de qualification retenue. Elle communiquera son planning de livraison des différentes versions à la maîtrise d'ouvrage de l'entreprise qui valide celui-ci. Les livraisons s'étaleront selon une fréquence établie (hebdomadairement par exemple).
- Les tests et la livraison : chaque livraison d'une nouvelle version comporte un ensemble de bugs corrigés. L'équipe développement doit lister les corrections. Après avoir effectué les tests (y compris de non-régression) la MOA valide la livraison sur le serveur de production.

3.2 La maintenance évolutive

La maintenance évolutive peut se résumer à la livraison d'une nouvelle version du site web avec des améliorations apportées à la version initiale.

La maintenance évolutive peut concerner trois aspects du site web :

- Le contenu : la maintenance évolutive de contenu concerne a priori les sites web qui ne sont pas administrés par un outil de gestion de contenu. La simple mise à jour d'une page de contenu revient à effectuer la livraison d'une nouvelle version du site. Cependant, des développements spécifiques peuvent être ajoutés à un site web géré par CMS pour prendre en compte un type de contenu particulier (vidéo par exemple).
- Les fonctionnalités : théoriquement, la mise à jour de nouvelles fonctionnalités ne devrait pas intervenir avant un certain laps de temps lorsque l'on vient de mettre en ligne son site web. Dans la réalité, certains facteurs obligent la maîtrise d'ouvrage à se lancer dans une évolution des fonctionnalités du site. C'est le cas notamment lorsque les besoins ont évolué depuis la mise en route du projet web (surtout si celui-ci s'est étalé dans le temps), que les retours des utilisateurs sont négatifs ou encore pour le lancement d'une grosse campagne marketing.

L'ajout de ces nouvelles fonctionnalités peut suivre quasiment le même cycle que la maintenance corrective : description détaillée de la nouvelle fonctionnalité, développement, test et mise en ligne.

- Le graphisme : en règle générale, les évolutions graphiques sont minimes. La charte graphique qui régit le site web et les éléments de communication de l'entreprise n'est pas vouée à changer tous les mois. Il peut s'agir, en revanche, d'une animation visuelle du site liée à une campagne marketing particulière (lancement d'un nouveau produit) ou à un évènement saisonnier (Noël, Rosh ha-Shana) ou d'une adaptation du menu de navigation suite aux retours négatifs des utilisateurs.

La planification des maintenances est toujours un sujet délicat au sein de l'entreprise. Chaque service souhaite voir ses demandes de correction ou d'évolution satisfaites sur le site rapidement. La tâche du chef de projet est de recenser l'ensemble des demandes de maintenance et de planifier les corrections. Il semble évident que les maintenances correctives sont prioritaires, dans la réalité, ce n'est pas toujours le cas. Le chef de projet web doit arbitrer, en étroite collaboration avec l'équipe des développeurs.

4. La documentation projet

La gestion d'un projet web est une source de connaissances pour l'entreprise ; que celle-ci ait connu un succès ou un échec, il est toujours bon pour les projets futurs de centraliser la documentation projet. Elle permettra d'analyser le résultat. Elle matérialise la mémoire projet. La documentation d'un projet est trop souvent considérée comme une tâche obligatoire et souvent passée aux oubliettes.

Il est important de considérer cette documentation comme une phase obligatoire du projet et de l'inclure dans le cycle de vie du projet web.

Cette documentation projet regroupe chronologiquement les différents livrables du projet, de la phase de définition à la phase de mise en ligne.

Au minimum, on doit y retrouver la note de cadrage, l'étude de faisabilité, le cahier des charges, le cahier des spécifications fonctionnelles détaillées, le cahier des spécifications techniques détaillées, les maquettes de conception, le brief graphique, la charte graphique, la planification des tâches du projet, les tableaux de bord de la phase de réalisation et les procès-verbaux de validation des livrables.

Les manuels utilisateurs doivent être ajoutés à cette liste de documents lors de la livraison au même titre que toute la documentation technique (manuel d'exploitation, manuel d'installation, etc.).

Cette documentation doit être accessible et partagée. Elle sert de référence pour les futurs projets web de l'entreprise. Il est nécessaire de capitaliser sur ses expériences passées. Malheureusement, certaines entreprises ne documentent pas leurs projets, tout simplement parce que la méthode de conduite projet n'est pas aussi rigoureuse qu'elles voudraient le faire croire. Certains livrables manquent et par conséquent la documentation est inexistante ou incomplète. Ces entreprises ne capitalisent pas sur leurs expériences passées et reproduisent des erreurs pourtant connues, au détriment du budget ou du délai.

5. La capitalisation

Lorsque l'on parle de capitalisation, on entend bilan de projet. Il s'agit d'archiver l'expérience métier qui découle du projet afin d'améliorer l'efficacité de la conduite pour les futurs projets web. Cette mise en mémoire doit être organisée en fin de projet et être disponible à tous les collaborateurs. Les chefs de projets web de l'entreprise doivent y trouver une méthodologie, un savoir-faire et un retour d'expérience qui font la richesse de l'entreprise. Cette gestion de la connaissance (*knowledge management* en anglais) fait partie du patrimoine de l'entreprise. Cette base de connaissances sera enrichie à chaque nouveau projet.

Certains grands cabinets d'audits et de conseils en informatique possèdent des bases de connaissances projet tellement détaillées que chaque consultant peut très rapidement déterminer les phases importantes et les contraintes de sa future mission et y puiser une méthodologie adaptée. Quel gain de temps, quel gain d'argent.

Une réunion de bilan peut être organisée entre les différents acteurs du projet de l'entreprise afin de passer en revue la gestion du projet web et d'identifier les points de non-fonctionnement qu'il faudra améliorer lors du prochain projet web.

"Ne perdons rien du passé. Ce n'est qu'avec le passé qu'on fait l'avenir." Anatole France.

Chapitre 8
La conduite de projet web

1. La planification

La planification est le facteur clé de la conduite de projet web. Elle permet notamment de définir les tâches à réaliser, coordonner les actions, maîtriser les moyens, suivre les actions en cours et rendre compte de l'état d'avancement.

Dans un premier temps, il faut définir les phases du projet. Quand celles-ci sont identifiées, il faut les décomposer en lots de travaux. Enfin chaque lot doit correspondre à un ensemble de tâches à exécuter.

Pour chaque tâche, il faut ensuite associer une charge de travail (charge de développement, charge de conduite de projet, etc.) exprimée en jours/homme, des ressources humaines, matérielles et financières adaptées.

1.1 Le recensement des tâches

Avant toute chose, pour chaque tâche identifiée, il faut définir :

- Un objectif précis et mesurable : qu'attend-on précisément de la tâche, quel est le livrable attendu ?
- Des ressources humaines, matérielles et financières adaptées : quelles sont les ressources nécessaires pour l'exécution de la tâche ?
- Une charge de travail exprimée en nombre de jours/homme : combien la tâche nécessite-t-elle de jours/homme ?

– Une durée ainsi qu'une date de début et une date de fin : quand doit commencer la tâche et quand doit-elle impérativement se terminer ?

Une tâche doit être assez courte (10-15 jours/homme) : il vaut mieux redécouper une tâche plutôt que d'accepter des tâches trop longues, celles-ci sont démoralisantes et difficiles à suivre.

1.2 L'ordonnancement des tâches

Certaines tâches peuvent être reliées entre elles par des relations de dépendance, certaines tâches ne peuvent être commencées qu'après la fin d'une autre tâche. L'ordonnancement des tâches consiste à identifier les tâches qui sont dépendantes.

Certaines contraintes sont à prendre en compte lors de l'ordonnancement :

– Le principe d'antériorité : certaines tâches ne peuvent être commencées qu'après livraison de la tâche précédente.
– La location temporelle : il se peut qu'il y ait un minimum de temps requis entre deux tâches.

Après l'ordonnancement, on doit être en mesure d'associer la tâche à une des deux catégories suivantes :

– Parallèle : il s'agit des tâches non dépendantes qui ne nécessitent pas d'utiliser les mêmes ressources, on peut réaliser ces tâches en même temps que d'autres.
– En série : ces tâches doivent être accomplies dans un ordre précis car elles sont dépendantes de la même ressource ou d'un livrable.

Référence de la tâche	**A1**
Intitulé de la tâche	Développement du module Flash de la page d'accueil
Objectif attendu	Une animation Flash de 650 px X45 px présentant 6 panneaux.
Ressource associée	Développeur Flash - Agence web Benhamou Beach
Charge allouée	10 jours

Référence de la tâche	**A1**
Dépendance	Pas de dépendance.
Livrable attendu	Intégration du Flash sur la page d'accueil sur le serveur de recette.

Référence de la tâche	**A2**
Référence de la tâche	A2
Intitulé de la tâche	Test et validation du module Flash de la page d'accueil
Objectif attendu	Tester l'animation sous Internet Explorer, Firefox, Chrome et Safari.
Ressource associée	Maîtrise d'ouvrage - Damien Campard
Charge allouée	1 jour
Dépendance	Ne peut s'effectuer qu'après livraison de la tâche A1.
Livrable attendu	Livraison du PV de recette.

1.3 Les jalons

Un jalon est une date particulière qui sert de point de contrôle obligatoire pour que le projet continue sa route. Ces jalons correspondent en général à la fourniture d'un livrable, d'un document de validation, à des réunions. Ils clôturent une tâche et permettent de passer à la suivante. Ils présentent l'avantage de matérialiser la fin de la tâche.

Ces jalons sont représentés sur le diagramme sous forme de triangle ou de losange.

1.4 L'estimation des charges

Lorsque les tâches du projet et les jalons ont été identifiés, il convient d'attribuer à chaque tâche une charge de travail. Cette charge, exprimée en jours/homme, est à définir par le chef de projet web, qui peut s'appuyer sur son expérience personnelle, sur la mémoire projet de l'entreprise ou sur l'expertise d'un spécialiste. Trop souvent, cette estimation est très approximative ou trop théorique.

1.4.1 Le concept jour/homme

Le jour/homme est l'unité de mesure de la charge de travail dans le cadre du projet web. On peut trouver aussi la notion de mois/homme.

Si par exemple, une tâche est estimée à 70 jours/homme (J.H), 1 homme aura besoin de 70 jours de travail pour réaliser cette tâche. Comme certaines tâches peuvent être effectuées en parallèle, dans un cadre idéal, on peut considérer qu'une tâche de 70 J.H peut être réalisée en 10 jours par 7 hommes ou 7 jours par 10 hommes.

Cette théorie a ses limites, comme l'écrit Frederick Brooks dans son livre *The Mythical Man-Month : Essays on Software Engineering*, sorti en France sous le titre *Neuf femmes ne font pas un enfant en un mois*. Selon la loi de Brooks, ajouter des personnes à un projet en retard accroît son retard.

En réalité il faut prendre en compte deux aspects humains : d'une part la productivité par personne n'est pas une constante et d'autre part la coordination du travail de plusieurs personnes fait perdre du temps en management et communication.

Pour ajuster le nombre de jours/homme, il faut impérativement prendre en compte l'équilibre durée/équipe et l'effort de gestion de projet.

1.4.2 L'équilibre durée/équipe

Après avoir estimé la charge de travail et l'avoir exprimée en jours/homme, il convient de trouver un équilibre entre la durée de la tâche et le nombre d'hommes pour réaliser celle-ci.

Puisqu'il n'est pas convenable de retenir la solution 70 hommes pendant 1 jour, ni 1 homme pendant 70 jours, l'équation qui convient le mieux est un équilibre entre durée de la mission et taille de l'équipe.

Il n'y a pas vraiment de méthode théorique qui permet d'optimiser cette équation. Celle-ci prend en compte la date de fin projet, les ressources disponibles, la complexité de la tâche, etc. Le chef de projet web, en se basant sur son expérience, saura trouver le bon équilibre.

Il doit de toute façon prendre en compte la charge de gestion de projet pour la composition de son équipe.

1.4.3 La charge gestion de projet

Il est fréquent de constater que les charges sont augmentées de 15 à 20 % pour estimer la charge de gestion de projet. Ainsi, les chefs de projet qui ne prennent pas en compte cette charge de gestion sont systématiquement en retard de livraison.

Ce qui revient à dire dans notre exemple, que la charge réelle pour la réalisation de la tâche est de 70 J.H+15 % = 80 J.H environ. 70 J.H pour la réalisation et 10 J.H pour la gestion de projet.

Cette charge de gestion de projet peut être également estimée en tenant compte du "span de contrôle". Ce critère, issu des ressources humaines de gestion, est le nombre de personnes qu'il est possible de superviser de manière directe. En projet informatique, celui-ci est estimé à 5 (ou 6 si le chef de projet est expérimenté).

La formule suivante peut être utilisée :

Charge de gestion de projet = charge totale / 6 x (6 / nombre de personnes)

Par conséquent, si la tâche est réalisée par 6 personnes, la charge de gestion de projet est estimée à 70 J.H / 6 x (6/6) = 11 jours.

En revanche, si l'équipe est composée de 3 personnes, le chef de projet ne passe pas 100 % de son temps sur la gestion, son coefficient d'occupation est de 2 (6 divisé par 3, 6 étant le nombre maximum de personnes à encadrer et 3 le nombre réel de personnes encadrées). Ce qui fait que la charge de gestion de projet est de 70 J.H / 6 x (6/3) = 6 J.H.

Présentée sous forme de tableau, cette charge de gestion de projet aide considérablement le chef de projet à définir l'équipe idéale.

Sur la base d'une tâche de 70 J.H, et d'un span de contrôle de 6 :

Nombre de personnes	**Charge de gestion de projet (en J.H arrondis)**
6	12
5	10
4	8
3	6
2	4
1	2

1.4.4 La pondération des charges

Certaines tâches sont directement liées au niveau d'expertise de l'équipe. Un développeur débutant mettra certainement plus de temps qu'un développeur expert pour réaliser la même tâche.

Il convient d'appliquer un coefficient de pondération en fonction du niveau d'expertise de l'exécutant de la tâche.

Les coefficients fréquemment utilisés sont de 60 %, 100 % et 140 % du temps nominal si le développeur est respectivement expert, confirmé ou débutant.

Dans le tableau des charges, il convient alors de calculer la charge pondérée, en tenant compte des profils de l'équipe.

Prenons l'exemple d'une charge de 70 J.H, à réaliser avec une équipe composée d'un senior, de deux compétents et deux novices. La charge individuelle est de 14 jours (70 / 5 = 14 jours chacun avant pondération). Le chef de projet senior est en charge de la gestion.

Tâche	**Charge initiale**	**Senior (coef. 0,60)**	**Compétent (coef. 1)**	**Novice (coef. 1,4)**	**Charge pondérée**
Développement	70	8,4	28	39,2	75,6
Gestion projet	10	6			6
Total	80				81,6

En tenant compte des pondérations, la charge réelle pour la tâche à effectuer sera de 82 (81,6) jours/homme au lieu des 80 initialement prévus.

1.4.5 La répartition des charges

Il faut ensuite reporter l'ensemble des charges pondérées dans un tableau récapitulatif. Il faut ajouter sur ce tableau la ventilation MOE et MOA. Ce tableau peut également servir de support pour le suivi budgétaire et le suivi du projet web.

	Maîtrise d'œuvre (MOE)		Maîtrise d'ouvrage (MOA)		MOE + MOA			
	Charge	% MOE	Charge	% MOA	Charge MOE+MOA		% de chacun	
Étapes	J.H	/ total	J.H	/ total	J.H	/total	MOE	MOA
Suivi de projet	**60**	**3%**	**60**	**3%**	**120**	**6%**	**50%**	**50%**
Gestion du projet	60		60					
Phase de conception	**21**	**1%**	**60**	**3%**	**81**	**4%**	**26%**	**74%**
Conception éditoriale			15					
Conception fonctionnelle			25					
Conception technique	21		5					
Conception graphique			15					
Phase de réalisation	**42**	**2%**			**42**	**2%**	**100%**	
Développement								

1.4.6 Le reste à faire

Le reste à faire est un outil de suivi très important dans la conduite de projet web. Il suffit de reporter les tâches et les charges associées, réparties par MOE et MOA, et de suivre semaine par semaine l'évolution du pourcentage réalisé. Le reste à faire est un bon indicateur qui peut être reporté sur un graphe avec la courbe de la prévision initiale.

	CONSOMME		BUDGÈTE		RESTE À FAIRE			
Etapes	J.H MOE	J.H MOA	J.H MOE	J.H MOA	MOE		MOA	
					J.H	%	J.H	%
Suivi de projet	60	120	120	200	60	50%	80	40%
Phase de conception	35	80	40	120	5	13%	40	33%
Phase de réalisation	70	50	90	100	20	22%	50	50%
Tests et recette	80	90	150	210	70	47%	120	57%
TOTAL PROJET	**250**	**340**	**400**	**630**	**150**	**38%**	**290**	**46%**
TOTAL PROJET MOE + MOA		**590**		**1030**	**440**		**43%**	

1.5 Le planning

Le planning présente le calendrier et les dates pour la réalisation des tâches. Il permet de positionner les jalons importants et d'atteindre les objectifs. Il est indispensable à la conduite de projet web.

Le planning est souvent représenté par un diagramme de Gantt mais peut aussi être présenté sous forme de réseaux de PERT, lorsqu'il s'agit d'un projet de grande envergure.

Le planning est constitué du nom de l'activité, de la durée de la charge, de la date de début, la date de fin, des ressources associées et des relations entre les tâches (liaison).

1.5.1 Le diagramme de Gantt

Le diagramme de Gantt est un outil, inventé par Henry Gantt en 1917, qui permet de modéliser la planification des tâches.

De par sa simplicité de lecture, il s'agit de la représentation des projets la plus utilisée. Elle permet de représenter graphiquement l'avancement du projet.

Il peut être réalisé par un simple tableur mais les logiciels spécialisés facilitent toutefois sa réalisation. Le plus utilisé est Microsoft Project mais il existe des logiciels équivalents libres.

Dans un diagramme de Gantt, chaque tâche est représentée par une ligne. Dans la colonne de gauche sont renseignées les tâches et les sous-tâches de celles-ci. Les colonnes de droite représentent les jours, semaines ou mois du calendrier selon la durée du projet.

La charge pour une tâche se présente sous la forme d'une barre horizontale dont l'extrémité gauche est positionnée sur la date de début et l'extrémité droite sur la date de fin. Les tâches peuvent s'enchaîner ou être exécutées en parallèle.

ID	Nom de tâche	Début	Terminer	Durée
1	Tâche 1	19/07/2011	22/07/2011	4j
2	Tâche 2	21/07/2011	28/07/2011	1s
3	Tâche 3	20/07/2011	22/07/2011	2,5j
4	Tâche 4	25/07/2011	27/07/2011	3j
5	Tâche 5	28/07/2011	29/07/2011	2j

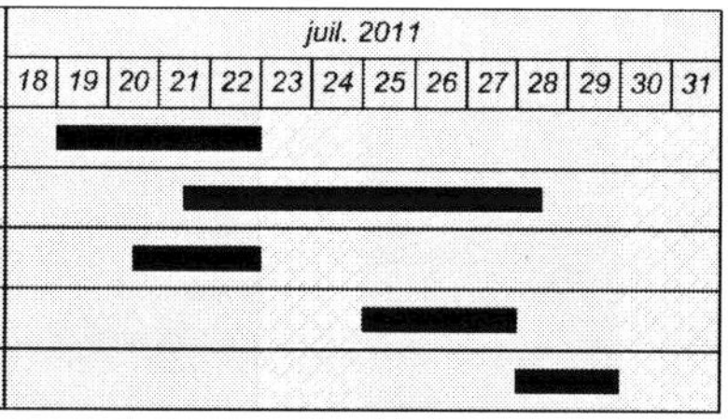

Une fois son diagramme de Gantt initialisé, le chef de projet va utiliser celui-ci dans son calendrier projet. Il renseignera à fréquence régulière les informations sur l'état d'avancement. En positionnant la ligne verticale rouge sur la date du jour, en un coup d'œil le chef de projet peut repérer les tâches terminées (à gauche de la ligne), en cours de réalisation (traversées par la ligne) ou pas encore commencées (à droite de la ligne). Au même titre, il est aisé de repérer les tâches en retard.

Sur le diagramme de Gantt, le chef de projet web positionnera les jalons importants du projet (disponibilité d'un livrable, début des recettes, etc.) aux dates clés.

Ces jalons sont des repères intermédiaires qui permettent de faire un point sur l'état d'avancement d'un projet et de ne pas manquer une date importante.

Les jalons sont représentés sur le diagramme sous forme de triangle ou de losange.

1.5.2 La méthode PERT (Project Evaluation and Review Technique)

La méthode PERT est la technique qui permet de bien maîtriser et comprendre l'ordonnancement des tâches, surtout si le projet est de grande envergure. Cette méthode consiste à représenter sous forme de graphe, un réseau de tâches dont l'enchaînement aboutit à la fin de la réalisation du projet.

Le réseau PERT est composé d'étapes et de tâches.

Exemple de représentation d'une tâche :

Début au plus tôt	Durée	Fin au plus tôt
Nom de tâche		
Début au plus tard	Marge	Fin repoussée

Exemple de représentation de trois tâches qui s'enchaînent :

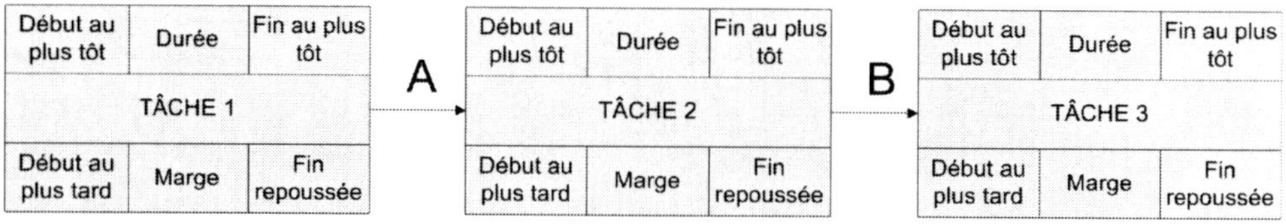

Exemple de représentation de deux tâches simultanées :

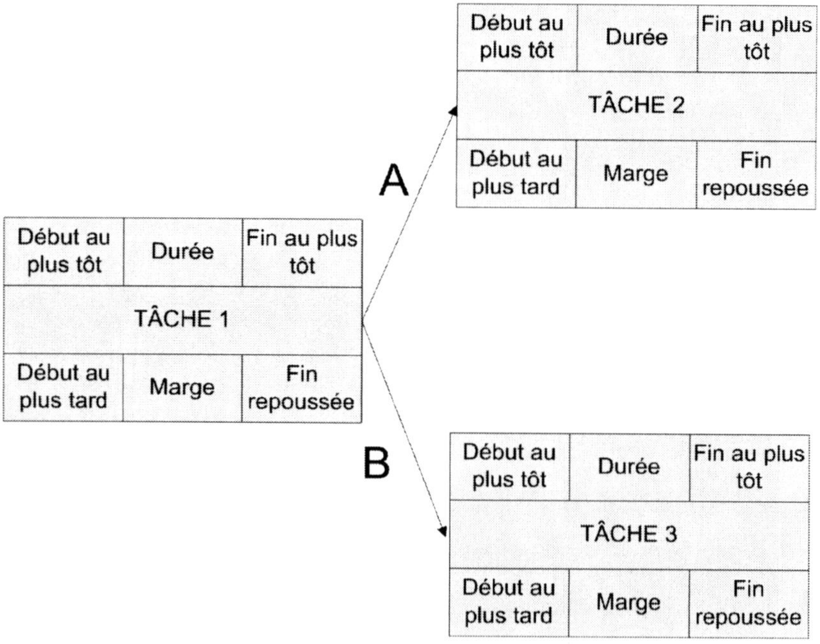

Exemple de représentation de deux tâches convergentes :

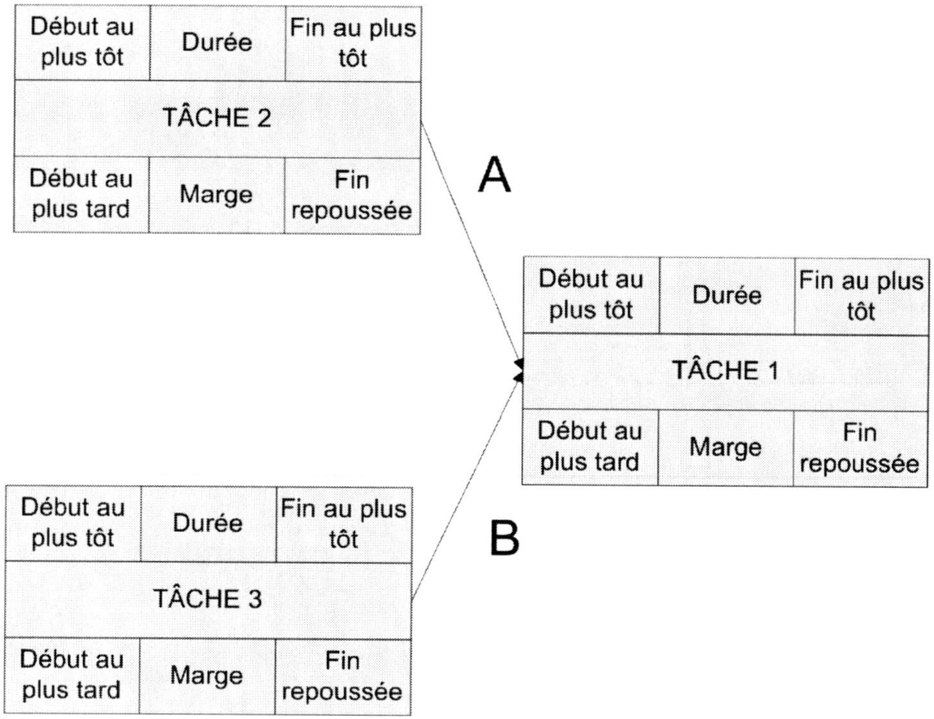

1.5.3 Le chemin critique

On appelle chemin critique la séquence de tâches liées entre elles qui détermine la durée totale du projet. C'est le chemin du début jusqu'à la fin du projet. Les tâches qui le composent sont appelées tâches critiques. Toute modification de la durée d'une de ces tâches entraîne indéniablement un retard sur l'ensemble du projet.

Il existe dans tout projet un chemin critique, la connaissance de celui-ci est fondamentale pour la gestion des délais.

Si l'on souhaite réduire la durée totale, c'est sur les tâches critiques qu'il faut agir en priorité.

2. Le suivi

Le suivi de projet web est l'instrument de pilotage du projet web qui prend comme point de départ le planning de référence. Ce suivi est réalisé et est sous l'entière responsabilité du chef de projet web. Le suivi consiste à comparer le planning réel de l'exécution avec le planning prévisionnel. Le chef de projet web doit détecter tout écart de planning et mettre en place les actions nécessaires pour recoller au planning. À partir des comptes rendus d'activité et des réunions de suivi, il fait évoluer le planning et détermine l'avancement des tâches. Le chef de projet rend compte à la maîtrise d'ouvrage lors des réunions du comité de pilotage.

2.1 Le compte rendu d'activité

Le compte rendu d'activité est la pièce maîtresse du suivi de projet. Chaque membre de l'équipe fournit des comptes rendus d'activité (CRA), ceux-ci sont remplis tous les jours et communiqués en fin de semaine au chef de projet web. Ces CRA sont d'abord un moyen de suivi du travail accompli, un indicateur des problèmes rencontrés et également la matière première qui permet au chef de projet de faire évoluer le planning, de suivre l'état d'avancement et d'anticiper les risques. Le chef de projet doit être intransigeant sur la qualité du CRA et de sa régularité de mise à jour.

Pour que les équipes ne perçoivent pas cet exercice comme une contrainte et adhèrent à l'automatisme de cette tâche, il convient d'opter pour une matrice de saisie relativement simple.

NOM Prénom			S-28 : 11/07/11 au 15/07/11		
Date	**Réf. projet**	**Réf. tâche**	**Durée**	**État**	**Commentaire**
13/07/11	Web01	T01-104	2 jours	Terminé	Livrable disponible sur le serveur de recette.
15/07/11	Web01	T01-117	1 jour	En cours	Estimation encore 3 jours.

L'expression de durée est au minimum de 0,5 jour. Il ne faut pas préciser les heures et les minutes car cela devient fastidieux pour le développeur et le chef de projet.

Le chef de projet web tient à disposition des développeurs un référentiel des tâches projet. Celui-ci répertorie l'ensemble des tâches du projet et leur référence unique correspondante.

Il est fréquent qu'un développeur rattache les débogages à une référence de tâche du projet. Cela fausse le CRA et par conséquent le planning. Il est important que le chef de projet crée une tâche maintenance corrective par projet et lui associe une référence propre.

Certaines interfaces de saisie des CRA sont directement interconnectées avec des logiciels de planification. Le chef de projet n'a donc plus qu'à ressaisir les informations, c'est un gain de productivité. Il faut toutefois veiller à maintenir la simplicité de cette interface.

2.2 L'avancement des tâches

À partir des CRA, le chef de projet va pouvoir mettre à jour l'état d'avancement des tâches et déterminer le reste à faire. Si la charge consommée est supérieure à la charge initiale, le chef de projet procède alors à une nouvelle estimation de la charge. Le chef de projet web met à jour son tableau de suivi des consommés.

Réf. Projet : WEB01			**S-28 : 11/07/11 au 15/07/11**		
Réf. tâche	**Charge initiale**	**Consommé**	**Restant**	**Nouvelle estimation**	**État**
T01-104	2 jours	2 jours	0		Terminé
T01-117	2 jours	1 jour	1 jour	4 jours	En cours

Chaque fin de semaine, ce suivi des consommés variera au gré des nouvelles estimations (qui peuvent aussi varier à la baisse). La charge totale du projet peut donc varier toutes les semaines.

Après le tableau des consommés, le chef de projet web va s'appuyer sur les nouvelles estimations de charges et les CRA pour mettre à jour son tableau d'état d'avancement.

Réf. Projet : WEB01			S-28 : 11/07/11 au 15/07/11			
Réf. tâche	**Charge initiale**	**Consommé**	**Restant**	**Nouvelle estimation**	**État d'avancement**	**Dépassement**
T01-104	2 jours	2 jours	0		100,00 %	
T01-117	2 jours	1 jour	1 jour	4 jours	25 %	+ 2 jours

Ce tableau à lui seul pourrait suffire au chef de projet pour déceler toute anomalie dans la réalisation des tâches. Ces données brutes le renseignent sur sa consommation de ressources.

Le chef de projet a toute liberté pour modifier le déroulement du projet et procéder à de nouvelles estimations. Il doit cependant garder en tête la date de fin prévue du projet et signaler suffisamment tôt tout dépassement.

Il faut noter toutefois que chaque nouvelle estimation de charge pour une tâche critique a un impact direct sur le planning global du projet, il est important de faire ressortir cette tâche dans le tableau pour faciliter l'alerte.

Il faut ensuite reporter ces variations de charges sur le planning pour regarder quel impact cette consommation a sur le planning du projet.

2.3 L'évolution du planning

Lorsque tous les tableaux de suivi ont été renseignés, le chef de projet les reporte sur le planning. Le planning évolue donc à chaque mise à jour et le chef de projet doit être capable d'expliquer chaque variation. Plus le projet avance dans le temps, plus les estimations de charges et de délais doivent être précises.

De par la variation des charges (nouvelle estimation) et l'ajout de nouvelles tâches (bugs, demande expresse, formations), la durée des tâches peut varier et modifier les dates du planning. Au début du projet un léger écart peut s'expliquer par une estimation approximative de chaque tâche et n'est pas significatif. Mais plus on avance dans le projet, et si les tableaux de consommés sont bien tenus, plus le chef de projet web est capable de savoir à l'avance et avec exactitude si la date de fin de projet sera respectée ou non. Il doit communiquer alors cette information dans les plus brefs délais à la MOA.

Le suivi de projet sert à anticiper toute fluctuation de chaque élément fondamental du projet : qualité, délai, coût ; et le chef doit être capable de justifier chaque variation et d'en informer la maîtrise d'ouvrage.

2.4 Les réunions projet

La conduite de projet web repose avant tout sur un travail d'équipe et sur la communication au sein de celle-ci. Peu importe la taille de l'équipe, il est fondamental de diffuser le même niveau d'information à l'ensemble des membres. Chaque membre doit avoir conscience de la dimension du projet et se sentir impliqué pleinement dans ce projet web.

2.4.1 Les réunions de suivi

Les réunions de suivi, au même titre que les CRA, sont un moyen pour le chef de projet de prendre la température du projet. Ces réunions sont des réunions de travail qui ont pour objectif de suivre au plus près l'état d'avancement. Le ton de la réunion doit être détendu mais sérieux. Chaque membre de l'équipe doit se sentir libre d'évoquer un problème qu'il rencontre, la prise de parole doit être facilitée. Il est conseillé de limiter ces réunions à une heure. L'idéal étant peut-être de les réaliser le lundi de 11 h à 12 h. Ce qui laisse le temps au chef de projet d'ajuster ses plannings avec les CRA récupérés le vendredi soir. De plus le créneau horaire juste avant le repas limite les débordements de temps.

Seuls les membres opérationnels de l'équipe sont conviés. La maîtrise d'ouvrage n'est pas invitée. Le chef de projet technique peut assister à la réunion pour apporter son expertise technique.

Afin de canaliser la réunion, le chef de projet établit un ordre du jour qu'il communique au préalable à l'ensemble de l'équipe. Les points abordés lors de la réunion de suivi sont :

- Présentation succincte des différents tableaux de bord : état d'avancement, suivi des consommés, dépassements, planning du projet, etc.
- Point sur les jalons et les livrables attendus.
- Tour de table individuel sur l'avancement des tâches, les problèmes rencontrés dans la semaine et les risques identifiés.

Chaque intervenant doit se sentir responsable de la précision du calendrier de la charge qu'il annonce pour les tâches qui lui sont confiées.

Après la réunion, le chef de projet web rédige un compte rendu factuel qui est communiqué à l'ensemble des membres de l'équipe, même aux absents excusés.

2.4.2 Les briefings

Parmi les causes de retard dans l'exécution d'une tâche, il se peut qu'un membre de l'équipe rencontre un problème ponctuel qui l'empêche d'avancer. Son premier réflexe sera peut-être de se tourner vers l'autoformation ou tout simplement de contourner le problème. Dans les deux cas de figure, cela est préjudiciable à la charge de la tâche et au calendrier.

Le chef de projet doit inciter les membres de l'équipe à lui remonter tout problème rencontré, même en dehors des réunions de suivi.

Après avoir identifié le problème, le chef de projet web fera le tour de l'équipe pour recenser les cas de problème similaire. Une séance de briefing sera organisée rapidement avec toute l'équipe afin de trouver une solution conjointe à ce problème. Si cela est nécessaire, le chef de projet peut faire intervenir un expert de l'entreprise ou un consultant.

Ces briefings sont organisés sans planification et n'ont pas pour but de remplacer la réunion de suivi. Ils servent à résoudre un problème ponctuel. Le temps passé à ces briefings n'est pas imputable au projet si ceux-ci savent rester précis et succincts.

2.4.3 La communication

Il est souvent reproché aux chefs de projets web de ne pas assez communiquer. Même si un chef de projet est absolument autonome sur sa mission, il se doit de rendre des comptes à ses employeurs ou à la maîtrise d'ouvrage.

Il n'est pas nécessaire d'envoyer par e-mail l'intégralité des documents du projet. Trop d'informations tue l'information. Il est préférable de s'en tenir à des documents synthétiques.

2.4.4 Le reporting

Le reporting occupe une place importante dans la gestion de projet. Il permet de communiquer les grandes lignes du projet : état d'avancement du planning, évolution du budget, présence de points bloquants.

Le reporting est un document synthétique qui peut inclure des tableaux, des plannings, des commentaires.

Les tableaux du tableau de bord du chef de projet peuvent être consolidés pour présenter le suivi des consommés, l'avancement des tâches, les nouvelles estimations de charges ou les dépassements. La lecture doit être facile, il est inutile de rentrer dans de trop grands niveaux de détail.

Le planning doit avoir un niveau de profondeur de 2 au maximum. C'est-à-dire qu'il n'est pas nécessaire de déployer l'ensemble du planning avec toutes les tâches. Le chef de projet peut se contenter de donner un planning avec des grandes phases du projet.

Le chef de projet fera les commentaires nécessaires sur les difficultés rencontrées, les solutions apportées et les risques identifiés.

La fréquence de communication du reporting est fixée par la maîtrise d'ouvrage et le chef de projet. Cela dépend souvent de la taille du projet web.

2.4.5 Le rapport d'avancement

Le chef de projet établit un rapport d'avancement qu'il communique mensuellement à la MOA lors des comités de pilotage. Ce rapport d'avancement est constitué de :

- Une description synthétique de la vie du projet.
- Un planning Gantt à jour avec commentaires sur l'évolution, explication des dérives.
- Un tableau d'avancement avec une analyse des écarts.
- Les faits marquants, les difficultés rencontrées et les solutions apportées du mois passé.
- Les risques et les problèmes à résoudre pour le mois à venir.
- Les principaux jalons et les livrables attendus.
- Les actions à court terme.
- Les demandes spécifiques du projet (ressources, délai, etc.).

Ce rapport d'avancement doit rester clair et explicite. Il n'est pas nécessaire de fournir un niveau de détail très poussé, sauf demande expresse. Les détails seront fournis par le chef de projet web lors de la réunion.

2.5 Les risques

La gestion de projet, malheureusement pour les chefs de projet, amène souvent son lot d'aléas. Les aléas qui ont un impact direct sur le planning sont difficilement prévisibles. Le chef de projet ne peut que les constater et mettre en place des actions pour rectifier le tir.

2.5.1 Les retards

Le planning étant prévisionnel, des retards en cours de projet ne sont pas si catastrophiques tant qu'ils ne remettent pas en cause la date de livraison finale du projet. Ils peuvent se rattraper en cours de projet.

L'attitude du chef de projet doit être d'identifier les causes des retards et mettre en place les actions qui combleront ce retard. Il n'a pas besoin d'alerter le comité de pilotage pour se couvrir ou pour se défausser du problème.

Si ces retards sont difficilement récupérables dans les délais impartis, dans ce cas, il en alertera le comité de pilotage le plus tôt possible et essaiera d'obtenir un décalage de la date prévue en expliquant la raison de ces retards.

Les principales causes de ces retards viennent d'un chiffrage initial trop optimiste ou d'imprévus techniques ou humains.

2.5.2 La mauvaise qualité des livrables

Le chef de projet web doit arbitrer en permanence. S'il presse les équipes de développement parce qu'il craint un dépassement des délais, il risque d'avoir des livrables de mauvaise qualité. Le chef de projet se retrouve devant le choix compliqué d'accepter les livrables de mauvaise qualité ou de respecter les délais du planning.

Dans un premier temps, il doit évaluer la qualité des livrables et estimer si l'ensemble des livrables est mauvais ou seulement une partie. Ensuite, avec l'équipe de développeurs il mesure la charge supplémentaire que nécessitera la remise aux normes. Enfin il prend une orientation. Ce n'est pas lui qui doit choisir entre la qualité et le délai. Il doit en référer au comité de pilotage, apporter toutes les informations sur l'incident et présenter les solutions envisageables.

Le comité de pilotage aura la responsabilité de l'arbitrage entre qualité et délai.

2.5.3 La mauvaise communication

Un chef de projet web qui ne canalise pas sa communication avec les acteurs du projet se retrouve très vite submergé par des demandes d'information ou d'évolution émanant de la maîtrise d'ouvrage, de la maîtrise d'œuvre ou de ses équipes. Ces messages arrivent sous forme de courriel, de conversation téléphonique ou de message écrit.

Il est fondamental de définir un canal de communication unique. Le courriel reste la piste à privilégier, puisque l'on peut le consulter ultérieurement ou l'imprimer. Ces demandes doivent être centralisées sur un espace serveur partagé ou dans un portail d'entreprise dédié à la conduite de projet.

Le chef de projet peut mettre à disposition de ses interlocuteurs des modèles adaptés à chaque demande. En ayant le même format, ces documents seront plus facilement exploitables.

Les demandes informelles de modification ou d'évolution doivent être remontées au comité de pilotage si leur prise en compte remet en cause le planning du projet.

3. Le pilotage et le management

Le pilotage du projet consiste à contrôler régulièrement que la conduite de projet est en phase avec le cadre initialement prévu. Le chef de projet web rend compte à la maîtrise d'ouvrage l'état d'avancement du projet afin qu'elle ait toutes les informations nécessaires pour piloter à son niveau ce projet web. Ce projet fait certainement partie d'un ensemble de projets qui sont inclus dans la stratégie de l'entreprise.

3.1 Le comité de pilotage

Le chef de projet doit rendre des comptes au comité de pilotage. Le directeur de projet, qui représente la direction générale de l'entreprise, préside ce comité de pilotage.

Le chef de projet web communique régulièrement les tableaux de bord de son projet. Il les commente et apporte des explications aux écarts constatés par rapport au plan initial.

Le comité de pilotage vérifie que les indicateurs de projet sont alignés sur la stratégie de l'entreprise.

Le comité de pilotage porte également la responsabilité de :

- La modification de planning : il est seul à prendre la décision de modifier le planning initial.
- L'allocation de nouvelles ressources : à la demande expresse du chef de projet web et après consultation de ses propres indicateurs, le comité de pilotage octroie ou non les ressources demandées.
- L'interruption d'un projet : le comité de pilotage est seul décisionnaire de continuer ou d'arrêter un projet.

Le chef de projet et le comité de pilotage se réunissent mensuellement lors de réunions de pilotage. Des réunions extraordinaires peuvent être déclenchées à la demande de l'un ou de l'autre.

3.2 Le management de l'équipe

Le chef de projet web est le communicateur et l'animateur de l'équipe. Il doit animer et dynamiser en permanence. Son management est plutôt opérationnel, et doit prendre en compte trois critères importants :

- Les bases du management d'équipe : indispensables pour un management efficace. Il existe cinq grandes catégories :
  - la définition d'objectifs et la conduite de l'équipe vers un objectif commun ;
  - l'organisation autour du projet, la répartition des responsabilités et la planification ;

- l'utilisation cohérente des ressources disponibles en fonction des objectifs et des contraintes du projet ;
- la mise en place de contrôles et de suivis pour évaluer et anticiper ;
- l'animation et la dynamisation de l'équipe.

– Une attitude et un comportement irréprochables et responsables : le management doit être basé sur la motivation, la participation et l'implication des collaborateurs. De par son attitude et son comportement, sa manière de faire, le chef de projet web doit susciter l'implication et la participation de ses équipes.

Le manager doit associer les membres de son équipe à la définition et la réalisation des objectifs.

La participation des collaborateurs peut porter sur :

- la prise de décision ;
- l'identification des problèmes et la recherche de solutions ;
- l'évaluation.

Pour adopter la bonne attitude, le chef de projet doit respecter quelques fondamentaux :

- Être profondément persuadé que chaque membre de l'équipe a quelque chose à apporter au projet.
- Refuser le fait d'avoir toujours raison, de tout connaître, d'être parfait.
- Favoriser les échanges informels.
- Créer des situations pour susciter l'implication et la participation des collaborateurs.
- Encourager l'autonomie des collaborateurs.
- Garder en tête que la motivation des collaborateurs n'est pas un acquis, elle doit en permanence être dynamisée.
- Des valeurs et des convictions fortes : le management des humains doit obligatoirement être fondé sur des valeurs de respect mutuel.

Il est impossible d'assurer un management d'équipe de qualité en ne se bornant qu'à une communication de projet. L'être humain a besoin pour s'impliquer et se motiver de donner une dimension affective au cadre professionnel. La communication est la clé de voûte du système.

La communication permet à un groupe de personnes de se comprendre, de s'écouter et de se reconnaître. Elle nécessite un échange réciproque. Le chef de projet web doit privilégier ces échanges et non les envois d'e-mails unilatéraux.

Enfin, le management d'équipe est essentiel dans un projet web. Beaucoup de chefs de projet très professionnels échouent dans leur mission uniquement parce qu'ils n'ont pas su doper leurs équipes, ou ont créé des situations de mal-être aboutissant à des démissions ou des arrêts maladie de la part des membres de l'équipe.

Si le chef de projet web est professionnel dans son domaine mais qu'il présente de graves lacunes de management, il peut être préférable de lui associer un autre chef de projet reconnu pour ses qualités managériales et son leadership. Ce double management peut fonctionner si chacun reconnaît les compétences de l'autre et capitalise sur celles-ci. Ce n'est pas toujours évident, puisque partager à deux la conduite de projet, c'est déjà du management.

Chapitre 9
Quelques bonnes pratiques du Web

1. Introduction

Les informaticiens et les graphistes se sont approprié très tôt l'outil Internet. Ils ont développé pendant des années des sites Internet dans lesquels ils rivalisaient de nouveautés technologiques et autres gadgets révolutionnaires.

Les internautes qui découvraient Internet devaient se plier aux désidératas de chacun et s'adapter à chaque site web.

Ce temps est révolu. Avec l'arrivée de l'internet haut débit dans quasiment tous les foyers, les internautes se sont professionnalisés. Ils ont appris à tirer profit de ce nouvel outil capable d'apporter toutes les réponses à leurs attentes en un temps record. Ces internautes ont créé de la demande, ils ont créé un marché, une économie. Dorénavant, ce sont les internautes qui décident si tel site ou tel site répond à leurs attentes.

Charge aux informaticiens et aux graphistes de s'adapter à ces attentes. Tout s'est inversé. Les utilisateurs ont accès à des millions de sites web susceptibles de leur proposer ce qu'ils attendent.

Les internautes, lâchés dans cette jungle, ont développé des réflexes, des instincts qui dictent aujourd'hui les lois de la création de site web. Ils ont pris des habitudes de surf pour accéder le plus rapidement à l'information cherchée, sans utiliser les chemins obligatoires.

Pour réussir son site web aujourd'hui, il faut s'imprégner de ces usages. Il faut les suivre pour anticiper leur évolution. Les grands succès de l'Internet d'aujourd'hui ont su anticiper les tendances (Facebook, Twitter, Google, Meetic, etc.).

Même s'il est très difficile de suivre ces évolutions de tendances, il existe toutefois un minimum de bonnes pratiques que l'on peut mettre en œuvre lors de la création de site web. Ces bonnes pratiques, basées sur une observation des orientations depuis plus de 10 années, sont les bases d'aujourd'hui. Ces bases doivent être prises en compte si l'on veut se coller à la réalité et proposer un site web de qualité qui sera consulté. Bien sûr, dans 10 ans, de nouvelles tendances viendront perturber ces bases d'aujourd'hui. Mais une bonne partie survivront car elles ont comme socle la logique humaine.

Les cas de bonnes pratiques référencés ci-après ne sont en aucun cas un dictat sur la manière de faire un site web. Il s'agit uniquement d'un recensement d'usages fréquents constatés sur Internet. La maîtrise des usages prenant maintenant de l'importance dans les projets web, ces bonnes pratiques sont peut-être les bienvenues.

2. Le référencement

Les moteurs de recherche changent en permanence leurs algorithmes d'indexation. Tout d'abord parce que le nombre de pages web ne cesse d'augmenter de façon exponentielle, mais en plus leurs robots d'indexation sont incapables de différencier les acceptions du mot "voile" par exemple (planche à voile ou voile de la mariée). Ils sont obligés de mettre en place des algorithmes très compliqués qui tentent de combler cette lacune. Plus le site indexé leur fournit de données, plus simple est leur tâche.

2.1. Les balises

La balise meta <KEYWORDS>

Les balises meta <KEYWORDS>, qui historiquement servaient à lister les mots-clés pertinents d'une page, n'ont plus d'incidence aujourd'hui sur le positionnement auprès des moteurs de recherche. Il est toutefois conseillé de les renseigner, ne serait-ce que pour faire l'effort de définir les mots-clés par page. Cette liste de mots-clés obtenue sera réutilisable pour d'autres actions de référencement.

La balise meta <DESCRIPTION>

Comme pour la balise meta <KEYWORDS>, aujourd'hui les moteurs de recherche ne prennent plus en compte son contenu pour le référencement. Toutefois, cette balise a son importance car son contenu est affiché dans les pages de résultats des moteurs, juste en dessous de l'URL, dans la zone communément appelée "snippet".

> ▸ Chef de projet web Fonctionnel - Expertise Internet - Vincent HIARD
> **3wandco.com/** - En cache
> La conduite fonctionnelle de projet web prend en compte le suivi des étapes du projet Internet mais elle permet surtout de mesurer l'impact du projet ...

Il est préférable que chaque page du site contienne sa propre balise meta <DESCRIPTION>. Cette balise, qui finalement est un peu un argument marketing, doit contenir entre 150 et 200 caractères. Ce texte sera lu par les internautes. Il est préférable qu'il soit vendeur pour la page et rédigé sans fautes d'orthographe.

La balise <H1>

Le contenu inséré entre <H1> et </H1> est très pertinent pour les moteurs de recherche. L'idéal est que chaque page du site possède sa propre balise H1 et un texte unique. Il ne doit y avoir qu'une seule balise H1 par page. Cette balise apparaît sur le site comme un titre de paragraphe. Elle peut être personnalisée avec la feuille de style. Le titre à l'intérieur de la balise doit être en adéquation avec le contenu texte de la page. Par exemple, pour un loueur de voitures de luxe, on peut avoir sur la page de présentation : <H1>Offre de location de voitures de luxe en région parisienne</H1>.

Les balises <Hn>

En HTML, il existe également les balises H2, H3, H4, H5 et H6. Chacune correspond à un sous-titre, un sous-sous-titre etc. Elles servent à structurer le contenu et à se repérer dans la profondeur du contenu éditorial. Ces balises sont également à renseigner avec des mots-clés pertinents. Il peut y avoir plusieurs balises au sein de la même page. Il convient juste de ne pas répéter trop souvent les mêmes mots-clés au sein de la même page pour ne pas froisser la susceptibilité des moteurs. Dans notre exemple cela peut donner : <H1>Offre de location de voitures de luxe en région parisienne</H1> <H2>Location de Porsche</H2><H3>Location de Porsche Cayenne</H3><H2>Location d'Aston Martin</H2>. Ces balises peuvent également être personnalisées dans la feuille de style.

La balise <TITLE>

Elle est importante. Le contenu de cette balise est affiché dans la barre du navigateur, cela donne de la pertinence au site web. Elle peut contenir entre cinq et dix mots-clés.

La balise <ALT>

Cette balise qui permet d'afficher un texte se substituant aux images et autres objets de la page est prise en compte par les moteurs de recherche. Pour chaque image pertinente, il convient de mettre un texte qui la décrit. Les images de la charte graphique ne sont pas concernées. Les balises <TITLE> et <NAME> ne sont pas prises en compte mais sont visualisées par les personnes présentant des déficiences visuelles. Il faut les renseigner.

2.2. Les textes

La liste de mots-clés

Pour se positionner sur des mots-clés stratégiques, il faut déjà les identifier. Une bonne méthode consiste à créer une liste des mots-clés pertinents qu'il faut éparpiller dans le contenu du site, de préférence sur les pages qui connaissent le plus fort trafic. Google met à disposition des outils qui facilitent cette tâche. Il ne faut surtout pas essayer de viser la première page de résultats d'un moteur de recherche sur un mot-clé générique du type "voiture". En effet, les grosses entreprises ont une pertinence naturellement forte sur ce mot et en plus elles emploient des professionnels dont le métier est le référencement de leurs sites web. Il est préférable de faire un travail d'analyse et de se positionner sur les mots-clés secondaires que les visiteurs saisissent. En effet aujourd'hui les internautes saisissent deux ou plusieurs mots-clés pour affiner leur recherche. Ainsi il est peut-être plus pertinent de se positionner sur la séquence de mots "voitures de luxe à louer".

En gras les mots importants

Si le texte d'une page contient un mot stratégique pour le référencement, il faut le mettre en gras, à l'exception des mots contenus dans les balises Hn. Il est préférable d'utiliser la balise <STRONG> plutôt que la balise <B>. Il faut juste trouver le juste milieu pour que la lecture ne soit pas pénalisée.

Du texte en quantité

Lorsqu'un moteur visite un site web, il ne peut baser la pertinence de celui-ci que sur le texte trouvé. Si le contenu textuel est infime, le moteur indexera très mal ce site et surtout avec une très faible pertinence par rapport aux mots-clés trouvés. Le site web doit proposer un contenu de qualité et surtout en quantité maximale. Il faut délaisser les pages à moitié vides pour les regrouper dans des pages plus fournies. En règle générale, le contenu de la page doit afficher un minimum de deux cents mots. Au-delà du référencement, le contenu doit intéresser l'internaute, c'est l'objectif principal du site web. La qualité du contenu est bénéfique pour tout le monde.

Le nom des pages

Le nom des pages du site web doit décrire le contenu qu'elles présentent. Idéalement il doit reprendre le contenu de la balise H1. Il convient de séparer les mots-clés et de remplacer les apostrophes et caractères de ponctuation par un tiret (-). Les lettres accentuées sont à remplacer par la lettre mais sans accent (é devient e).

2.3. La réalisation du site

Les technologies bloquantes

Les robots des moteurs de recherche sont aveugles. Lorsqu'ils visitent un site web, ils ne perçoivent que les textes de celui-ci. Ils ignorent tout le reste (images, animations Flash, JavaScript). Il est préférable de limiter au minimum l'usage de ces technologies.

Les sites 100 % Flash

Que le site soit en technologie Flash ou Silverlight, il est vide de contenu pour les moteurs de recherche. Il est plus pertinent d'intégrer des animations de ce type dans un site HTML.

La navigation en JavaScript

Les moteurs de recherche ignorent le JavaScript. Si la navigation du site web est écrite en JavaScript, le moteur de recherche s'arrêtera à la page d'accueil et ne suivra pas les liens.

La technologie Ajax

De par son côté asynchrone, la technologie Ajax ne présente du contenu qu'après action de l'internaute. Les moteurs de recherche ignorent cette technologie et tout le contenu généré ne sera pas pris en compte. On peut utiliser cette technologie, mais peut-être pas pour générer du contenu.

L'accès authentifié

Les moteurs de recherche ne passent pas à travers les pages pour lesquelles il faut s'identifier pour les consulter, ils ne les prennent pas en compte. Dans la mesure du possible, il vaut mieux rendre public du contenu riche mais pas confidentiel.

La redirection

Lorsque le site web effectue dès la page d'accueil une batterie de tests pour rediriger le visiteur vers la bonne page (liens partenaires, langue, navigateurs), cela nuit à un bon référencement.

Les Frames et les iFrames

Ces techniques ont quasiment disparu du Web, elles nuisent également au bon référencement.

Le nom des répertoires

Comme pour les pages web, le nom des répertoires est important. Il doit contenir un ou deux mots-clés, par exemple http://www.localuxe.com/location-porsche/location-porsche-carrera3.html. Il est préférable également de limiter les "/" en diminuant la profondeur des répertoires.

Le nom des images

Le nom des images est important aussi. Il est préférable d'appeler une image "voiture-de-luxe.jpg" plutôt que "IMG2011.jpg".

Le Pageranking

Les moteurs de recherche, en particulier Google, prennent en compte pour l'indexation d'un site les liens externes qui pointent vers le site. Si le site est très pertinent, son Pagerank est élevé. Et comme il présente un lien qui pointe sur un autre site, alors ce deuxième site est également pertinent, ce qui améliore son Pagerank et par conséquent son référencement. Il est important de chercher dans l'entourage professionnel de l'entreprise si un site web à très fort Pagerank peut insérer un lien dans son site web. Cet exercice est certainement le plus compliqué. Mais il présente l'avantage d'être le plus prometteur en termes de référencement.

3. L'ergonomie

Rendre un site ergonomique consite simplement à l'adapter aux usages des internautes. Ces usages étant fluctuants, l'exercice n'est pas toujours aisé. Cependant, certaines constatations en la matière faites il y a maintenant plus de 10 ans (notamment par Jakob Nielsen) sont toujours d'actualité et persisteront dans le temps.

3.1. La mise en forme des textes

Des textes adaptés
Les textes affichés sur le site web sont plus difficiles à lire que sur papier. De fait il convient d'adapter la rédaction. Les longs textes doivent être découpés et les phrases écourtées. L'accent est mis plus sur le contenu que sur la forme des phrases.

La longueur des textes
Il est préférable de découper un grand texte et de le proposer sur plusieurs pages que de présenter une page à rallonge qui rebutera l'internaute avant même qu'il commence la lecture.

Le surlignement
Les caractères surlignés sont difficiles à lire. Il vaut mieux les éviter ou les réserver pour les titres.

Le soulignement
Lorsqu'un mot ou une phrase sont soulignés, c'est qu'ils proposent un lien hypertexte. Si ce n'est pas le cas, il ne faut pas utiliser le soulignement. L'internaute va être perdu et n'arrivera plus à distinguer les liens hypertextes.

Le clignotement
Un site web qui clignote dans tous les sens n'est pas un site sérieux. C'est un site d'amateur. Le clignotement peut être utilisé mais uniquement dans des zones spécifiques, en petite quantité et pour mettre en avant une animation promotionnelle.

L'italique
Il est difficile de lire des textes en italique sur un écran. D'autant plus si ceux-ci sont longs. Cet usage est à réserver aux légendes ou aux citations.

Les polices de caractères
Les polices de caractères sans pied (sans serif) sont plus faciles à lire sur un écran. Pour les textes longs, il est préférable de se tourner vers ces polices (Arial, Helvetica, Verdana).

La taille des caractères
C'est entré dans les mœurs des internautes, il est possible avec son navigateur web de grossir et diminuer les tailles de caractères. La taille des caractères lors du développement du site ne doit pas être fixée afin de laisser cette fonctionnalité opérationnelle. Les personnes présentant des déficiences visuelles apprécieront.

Une version imprimable
On n'a jamais autant imprimé depuis que l'on a les ordinateurs. C'est encore un réflexe pour de nombreux internautes. Il est bien de leur proposer une version imprimable des pages importantes ou à fort contenu. Pour cela, un développement spécifique peut permettre de calibrer cette impression en retirant tout élément superflu (navigation, pied de page, etc.).

Les accroches travaillées
Il est préférable de ne pas mettre d'accroche que de mettre "bienvenue sur mon site". L'accroche doit renseigner l'internaute sur l'expertise de l'entreprise et ses qualités.

3.2. La mise en page

Une mise en page évolutive
Les internautes n'ont pas tous la même résolution d'écran lorsqu'ils arrivent sur le site web. Plutôt que de pénaliser les uns ou les autres en proposant une seule résolution d'écran, il est préférable d'opter pour une mise en page qui s'adapte en fonction de la résolution d'écran du visiteur. Cette technique, relativement simple à mettre en place, permet d'optimiser l'affichage. Le standard aujourd'hui est de 1 024 pixels, mais les écrans de 800 px et 1 280 px sont aussi représentatifs. La mise en page doit donc être optimale pour 1 024 px, pas trop dégradée pour 800 px et pas trop aérée pour 1 280 px.

La hauteur des pages
L'utilisation de la souris à molette facilite le scroll vertical. Ce qui veut dire qu'une grande page peut être restituée au-delà de la hauteur d'un écran. Il faut toutefois veiller à ne pas dépasser deux ou trois hauteurs d'écran.

La largeur des pages

Autant le scroll vertical est rentré dans les mœurs grâce notamment à la souris à molette, autant le scroll horizontal est rebutant. Si la page n'est pas adaptée à la largeur d'écran de l'internaute, le contenu caché derrière le scroll horizontal ne sera pas lu. L'internaute ne déplace pas la barre de défilement horizontalement. Il est impératif que la largeur d'écran ne soit pas fixée au-delà de 800 px ou 1 024 px, selon la configuration retenue.

La constance de la mise en page

L'internaute s'habitue rapidement à la mise en page du site. Lorsqu'il navigue sur celui-ci, il repère les zones de contenu et les zones de navigation. Lorsqu'il change de page, il s'attend à retrouver la même logique. Si les éléments ont changé de place, il sera perdu et quittera le site.

3.3. La navigation

Le logo du site

C'est devenu un usage, connu de tous les internautes, lorsque l'on clique sur le logo d'un site web, on revient sur la page d'accueil. Il ne faut pas déroger à la règle.

Le fil d'Ariane

L'internaute doit à tout moment se repérer dans le site. Il doit rapidement savoir où il se trouve. Il se repère en général par rapport à la page d'accueil. Le fil d'Ariane permet de situer la page courante dans l'arborescence du site à partir de la page d'accueil. C'est un incontournable, d'autant plus que les internautes, qui utilisent de plus en plus les moteurs de recherche pour trouver de l'information, arrivent directement dans les pages intérieures du site, sans être passés par la page d'accueil.

La colonne de gauche

Il est d'usage que la colonne de gauche contienne la navigation de la rubrique (navigation horizontale sous le logo) ou du site web. Si elle ne contient pas de navigation, elle ne doit pas être présente.

La page en chantier

Révolu le temps où les sites web affichaient un travailleur muni d'une pelle ou d'un panneau de chantier pour signaler une page en cours de construction. Si la page est vide, elle ne doit pas apparaître du tout. Et si la rubrique est vide, il en va de même.

La date et l'heure

Aujourd'hui, il n'est plus nécessaire de donner la date et l'heure à l'internaute. Ces éléments ne servent à rien et prennent de la place sur la page. De plus, ils sont souvent associés aux sites personnels amateurs.

La page Contact

En navigation permanente (bas de page, haut de page) l'internaute, en un seul clic, doit avoir accès à vos coordonnées s'il veut vous joindre. L'adresse postale, un plan d'accès, un numéro de téléphone, un formulaire de contact sont autant d'informations qui rassureront l'internaute.

Les nouvelles fenêtres

Lorsque l'on est sur un site Internet et tant que l'on surfe à l'intérieur de celui-ci, on navigue dans la fenêtre courante du navigateur. Dans la mesure du possible, il convient d'ouvrir tous les liens, même externes, dans la même fenêtre de navigation. L'ouverture d'un lien externe dans une nouvelle fenêtre n'est toutefois pas rédhibitoire.

Les fenêtres pop-ups

Les ouvertures intempestives de fenêtres publicitaires affichées devant la page de navigation ont eu raison de cette pratique des pop-ups. Il ne faut plus les utiliser. Le blocage automatique par certains navigateurs empêche leur affichage.

Les frames et les iframes

Ces cadres que l'on insérait dans la page pour afficher du contenu d'une autre page ou d'un autre site web sont passés de mode et sont même nuisibles au référencement (les moteurs indexent la page censée être affichée en frame ou iframe).

Les liens transverses

L'internaute a pris comme habitude de rebondir de mots-clés en mots-clés ; il peut naviguer sur un site de façon tranversale. Si dans la page de contenu, un mot-clé l'intéresse, il clique dessus pour arriver sur une autre page qui parle de ce mot. Il faut insérer des liens hypertextes sur les mots qui sont approfondis dans d'autres pages du site. Proposer cette navigation fidélise un peu plus le visiteur.

Le moteur de recherche

Dès lors que le site propose plus de dix pages de contenu, un moteur de recherche doit être présent en permanence sur le site. En règle générale sa position est en haut à droite de la page. La recherche avancée n'étant que très peu utilisée, une zone de saisie simple suffit amplement. Il faut veiller toutefois à ce que la page de présentation de résultats ordonne ceux-ci par pertinence. La page de résultats doit proposer un extrait du contenu dans lequel le mot-clé est affiché en gras.

Les liens hypertextes

L'internaute doit rapidement repérer les liens hypertextes présents dans la page. Ceux-ci sont matérialisés par un soulignement du mot ou de la phrase concernés. La couleur de ces liens hypertextes doit rester identique sur l'ensemble du site.

Les liens visités

Lorsqu'un visiteur a cliqué sur un lien et qu'il revient sur la page, ce lien doit changer de couleur. Ce changement de couleur est le comportement qu'il attend, c'est un usage du web.

Le bouton Précédent

L'internaute est rassuré lorsqu'il peut annuler une fausse manipulation. Le réflexe des internautes lorsqu'ils ont cliqué sur un mauvais lien ou qu'ils sont perdus est d'utiliser la fonction Page précédente de leur navigateur internet. Cette fonction ne doit en aucun cas être désactivée par un script JavaScript.

Les liens rompus

C'est le fléau de tout site web. Les pages inexistantes et l'affichage de la page d'erreur 404 ne font pas très sérieux mais surtout frustrent l'internaute qui s'attendait à voir un contenu qu'il avait choisi. Il existe aujourd'hui des outils qui permettent de scruter les sites web et d'identifier les liens rompus. Il est conseillé également de personnaliser la page d'erreur 404, en proposant par exemple un plan du site avec l'intégralité des pages, en n'oubliant pas de préciser que le contenu de cette page a été déplacé.

Le plan du site

En règle générale, le lien est placé de manière à être toujours visible, dans le pied de page ou dans l'en-tête. Il présente l'arborescence du site et l'intégralité des pages web.

L'ajout aux Favoris

Il est inutile de proposer la fonction Ajouter aux Favoris. Les internautes utilisent la fonction directement sur leur navigateur. Cette démarche peut être mal perçue par l'internaute qui peut interpréter cela comme si on lui forçait la main.

3.4. L'accessibilité

Le contenu

La séparation de la mise en forme du contenu est primordiale. Le code HTML ne doit contenir aucune balise de mise en forme (font-size, height, etc.). La mise en forme est exclusivement prise en charge par une feuille de style externe. Le texte doit apparaître brut, pour pouvoir être interprété par les navigateurs texte utilisés par les malvoyants.

Les scripts

Les navigateurs texte n'interprètent pas les scripts. Il est important que la page web garde une structure et une navigation cohérentes lorsque les scripts sont désactivés.

Les textes de remplacement

Une personne en déficience visuelle ne peut visionner les images ou les vidéos que le site propose. Son navigateur texte s'appuie sur le texte alternatif pour lui présenter ce qu'est l'image ou de quoi parle la vidéo. Ces textes alternatifs qui ne prennent que quelques minutes à être renseignés contribuent au Web équitable.

Les nouvelles fenêtres

Pour les personnes présentant des déficiences visuelles, il est très perturbant de suivre la navigation quand elle ouvre une nouvelle fenêtre de navigateur. Il est impératif, si l'on doit ouvrir une nouvelle fenêtre, d'informer l'internaute en renseignant la balise <TITLE> du lien.

Les frames et iframes

Celles-ci ne sont pas évidentes à interpréter, il vaut mieux les oublier.

Le plan du site

Celui-ci est indispensable, il permet rapidement de trouver une page et de reconstruire l'arborescence du site web.

Le moteur de recherche

Les internautes à déficience visuelle utilisent beaucoup les moteurs de recherche pour retrouver facilement l'information qu'ils recherchent. Le moteur est obligatoire dès lors que le site présente plus de dix pages de contenu.

La balise <TITLE>

Outre qu'elle est importante pour les moteurs de recherche, elle permet aussi de décrire le contenu de la page. Cette balise est le titre de la page ; si celui-ci est explicite, l'internaute sait s'il est sur la page qui lui proposera le contenu recherché.

Les contrastes de couleurs

Les personnes présentant des déficits de perception n'arrivent pas à lire un texte avec un arrière-plan. Il faut s'assurer que les textes sont en contraste fort avec l'arrière-plan. Un texte blanc devant un fond noir est aussi perceptible qu'un texte noir sur fond blanc par exemple.

La conformité aux recommandations du W3C

Le W3C normalise les technologies du Web (HTML, CSS, recommandations, etc.) pour que celles-ci soient accessibles aux personnes présentant des handicaps entre autres. Il est fortement recommandé de s'en tenir aux recommandations du W3C pour les développements des sites web.

4. Le développement des pages web

Lors des phases de développement du site web, il est important de connaître quelques bases indispensables pour que le site réponde à certaines attentes. Lorsque le site sera terminé, il sera plus difficile d'apporter les modifications nécessaires.

La compatibilité

Il est important de faire l'effort de présenter un site web consultable sur toutes les plates-formes (Windows, Apple et Linux) et sur tous les navigateurs (Internet Explorer, Chrome, Firefox, Opera, Safari). Même si cela n'est pas dans les objectifs du projet web, le développeur doit veiller à cette compatibilité. Elle ne demande pas tant d'efforts que cela tout compte fait. On n'indique plus que le site est optimisé pour telle version de navigateur ou tel système d'exploitation.

Les animations Flash

Même si Apple et le HTML 5 semblent vouloir ranger la technologie Flash dans les archives, beaucoup de sites l'utilisent encore. Lorsqu'un site présente une animation Flash, celle-ci doit l'être dans une version la plus répandue du lecteur Flash. Aujourd'hui on ne demande plus à l'internaute de télécharger la dernière version du lecteur.

Le poids des pages

En 2001, lorsque l'on réalisait un site, il fallait absolument que le poids de la page, images comprises, ne dépasse pas les 50 Ko. Les professionnels de l'époque maîtrisaient l'optimisation du code de pages et la compression des images. Aujourd'hui, avec l'explosion des débits Internet il semble que cette donnée a un peu été oubliée. Il est fréquent de rencontrer des pages web qui sont extrêmement longues à afficher, même avec un haut débit. Ce n'est pas parce que les débits sont élevés qu'il faut les saturer inutilement. Perdre un peu de temps sur la compression des images et l'optimisation du code est la manière de faire du Web en respectant l'état de l'art. Une page aujourd'hui ne devrait pas dépasser 100 Ko. Faire l'effort ne peut que renforcer le professionnalisme. Beaucoup d'internautes ne bénéficient pas du haut débit que l'on peut trouver dans les grandes villes, il ne faut pas les pénaliser.

Les feuilles de style

Aucun élément de mise en forme ne doit être présent "en dur" dans la page web. Ceux-ci doivent être traités dans une feuille de style externe à la page. Cela est bénéfique pour l'accessibilité mais également pour la maintenance du site.

Les cookies

Le recours aux cookies devrait être réservé aux sites web pour lesquels les cookies ont un réel intérêt. Par ce biais, les sites marchands par exemple peuvent proposer du contenu adapté ou reconnaître un utilisateur. C'est la seule exception. Tous les autres sites qui n'ont aucun intérêt à utiliser les cookies de navigation doivent s'abstenir de le faire.

Les documents en téléchargement

Lorsque le site propose un document en téléchargement, le format de celui-ci doit être un format standard, consultable sur tous les systèmes d'exploitation et sans logiciel spécifique. Un document au format PDF sera toujours préférable à un document au format DOC, pour lequel la lecture nécessite l'installation du logiciel Word de Microsoft (payant).

5. Le graphisme

Même si le site web est un terrain de libre expression artistique, il convient toutefois de prendre en compte quelques règles d'usage pour ne pas voir fuir les internautes.

La position du logo
Il est d'usage de positionner le logo du site Internet en haut à gauche de la page. C'est ici que les internautes l'attendent. Il peut évidemment être positionné à un autre endroit, mais il sera moins visible.

L'uniformisation du graphisme
Lorsque l'internaute découvre le site, rapidement il identifie la charte graphique et le mode de navigation. Cette charte graphique doit être la même sur l'ensemble des pages du site web. Même avec le temps, cette uniformisation est primordiale pour accorder du crédit au sérieux du site web. Il est important que cette rigueur s'applique également à l'intérieur des pages. Les titres, les interlignes, la mise en page doivent être identiques sur toutes les pages.

Le favicon
Le favicon est la petite icône qui vient s'ajouter dans le navigateur, à côté de l'adresse du site. Cette icône n'est pas obligatoire. Si l'on pense que de la qualité du détail dépend la qualité de l'ensemble, c'est bien de l'intégrer.

Le nombre de couleurs
Aujourd'hui, les écrans dépassent les 16 millions de couleurs. Autant utiliser tout le potentiel de couleurs disponibles pour fournir des sites web de qualité graphique supérieure.

La taille des images
Une image de 600 pixels sur 400 pixels pesant 2 Mo peut être redimensionnée en 100 pixels par 60 pixels dans le code HTML. Mais son poids sera toujours de 2 Mo. Il n'y a aucun intérêt. Il est préférable de redimensionner l'image à la taille finale telle qu'elle sera affichée sur le site web. Le poids de la page et le temps d'affichage n'en seront que gagnants. Il faut préciser également dans la balise <IMG> de la page web, les dimensions (height et width) de cette image. Le navigateur affichera plus rapidement la page web en réservant un espace défini avant que l'image soit entièrement affichée.

GIF, JPG ou PNG

Ces trois formats ont un taux de compression particulier et un usage bien déterminé. Il convient de choisir le bon format. Les images au format GIF sont des images " à plat", comme les logos, les icônes. Le format JPG est conseillé pour les photos ou les images présentant une nuance de couleurs importantes. Le format PNG, plus lourd que le JPG, présente l'avantage de prendre en compte la transparence. Peu importe le format retenu, il faut chasser les pixellisations d'images dues à des taux de compression trop forts. Il faut trouver visuellement le meilleur ratio compression/qualité de l'image.

Les vignettes

Il est préférable, lorsque l'on présente une galerie de photos, de retenir l'option de vignettes. Une page web affiche les vignettes des photos consultables. Ces vignettes sont de taille réduite et optimisées pour le Web. En afficher plusieurs dizaines ne pénalise pas la vitesse de chargement de la page. Un clic sur la vignette ouvre l'image originale dans un plus grand format. Cette pratique est devenue un usage sur Internet. Elle évite d'attendre le chargement de pages affichant des images trop lourdes et trop grandes pour lesquelles l'internaute n'a aucun attrait.

La balise <ALT>

Comme nous l'avons vu, cette balise permet aux personnes présentant des défaillances visuelles de connaître le contenu de l'image mais également aux moteurs de recherche de la prendre en considération lors de la phase d'indexation.

6. Les formulaires

Chaque site web propose aux internautes des formulaires. Ces formulaires permettent de rentrer directement en contact avec l'entreprise ou de publier un commentaire. Parce qu'ils sont nombreux, l'internaute a appris à les utiliser. Quelques bonnes pratiques permettent d'optimiser leur utilisation :

La mémorisation de la saisie

Dans la mesure du possible, il faut garder en mémoire temporaire la saisie d'un internaute. Si dans la première étape, celui-ci réserve un avion pour le 15 septembre à destination de Calvi, lorsqu'il décide ensuite de réserver une chambre d'hôtel, il faut lui proposer par défaut une date proche de celle de son vol et un hôtel à ou proche de Calvi. Le site possède déjà l'information, puisque le client l'a renseignée.

Les zones de saisie actives

Lorsque l'on arrive sur la page de Google, qui ne présente qu'une zone de texte à renseigner pour la recherche, le curseur est déjà positionné dans cette zone de saisie. L'internaute y gagne un précieux clic. Cette bonne pratique est à reprendre sur la page du site web dont le contenu principal est un formulaire. Le positionnement du curseur (focus) est simplement géré en JavaScript :

```
<body onload="document.getElementById('nom du champ').focus()">
```

Les champs obligatoires

Si des champs du formulaire sont obligatoires, il faut le stipuler. En règle générale, un astérisque est positionné à côté des champs concernés et une légende en bas de page précise que ces champs sont obligatoires.

La vérification des champs de saisie

Il y a deux possibilités pour vérifier que les champs ont bien été renseignés. La première, côté serveur, transmet le formulaire à un script qui vérifie le contenu de celui-ci. Si la saisie est incomplète ou erronée, il renvoie une page d'erreur au visiteur, lui demandant une nouvelle saisie. La deuxième, côté client, s'effectue en JavaScript. Lorsque le visiteur passe au champ de saisie suivant, on vérifie si le précédent est conforme aux attentes. Si ce n'est pas le cas, un message d'erreur l'informe de son erreur et le focus est redonné au champ erroné. Cette deuxième méthode est de loin la meilleure puisque l'utilisateur n'a pas à attendre la saisie de tout le formulaire pour savoir si celui-ci est valide. Si une interrogation de bases de données est nécessaire pour valider le contenu d'un champ, la technologie Ajax est tout à fait appropriée.

La touche [Entrée]

Après avoir renseigné le formulaire, les internautes ont pris l'habitude d'envoyer celui-ci en appuyant sur la touche [Entrée] de leur clavier. Il faut proposer cette fonction, simplement en ajoutant un bout de script JavaScript :

```
onkeyup="if(event.keyCode==13)this.form.submit();"
```

Les listes déroulantes

Si la liste déroulante ne présente pas plus de six choix, il est préférable d'opter pour les boutons radio. Ces derniers ne nécessitent qu'un seul clic contre deux pour la liste déroulante.

La fonction Mailto

Il existe deux raisons pour ne pas utiliser la fonction Mailto pour l'envoi d'un e-mail depuis le site web. La première est que comme l'adresse e-mail du destinataire est affichée dans le code de la page, il y a de fortes chances pour que celle-ci soit récupérée par des utilisateurs peu scrupuleux qui l'utiliseront pour envoyer des spams. La deuxième est que cette fonction n'est pas compatible avec toutes les technologies. Il est conseillé de lui préférer un formulaire de saisie, qui est transmis au destinataire côté serveur.

La confirmation d'envoi d'e-mail

Lorsque le visiteur envoie un e-mail via le site web, il est impératif qu'il reçoive une confirmation que son e-mail a bien été envoyé. Cette confirmation peut prendre la forme d'une page sur le site web ou de l'envoi d'un e-mail. Cette dernière solution permettra au passage de vérifier la validité de l'adresse e-mail fournie par le visiteur.

7. La page d'accueil

La page d'accueil, même si elle n'est plus le point d'entrée unique du site web, garde toute son importance, ne serait-ce que parce qu'elle est le point de départ de la navigation et qu'elle sert de point de repère pour l'internaute égaré. Son mode de conception a évolué, mais certaines bases restent :

Le poids de la page

La page d'accueil d'un site web est un peu la vitrine de l'entreprise, son temps d'affichage doit être rapide. En règle générale, avec les débits actuels, son poids ne doit pas excéder 100 Ko. Il faut également faire très attention aux technologies et requêtes auprès des bases de données qui pénalisent le temps d'affichage.

Les informations sur l'entreprise

Elles doivent être accessibles dès la page d'accueil. L'internaute a souvent besoin de connaître l'entreprise pour se sentir en confiance, surtout s'il s'agit d'un site marchand.

La musique

Il est proscrit de mettre un fond sonore. Ce type de gadget pénalise le temps d'affichage et n'apporte aucune valeur ajoutée. Le seul plaisir est celui du webmaster.

Les publicités

Au maximum, la page d'accueil doit présenter trois publicités. Au-delà, aucune ne retiendra l'attention du visiteur.

Le moteur de recherche

Le moteur de recherche doit être obligatoirement présent dès la page d'accueil si le site propose plus de dix pages de contenu. La zone de texte de ce moteur doit idéalement être de 30 caractères.

L'animation Flash

Sauf si l'entreprise est spécialisée dans le graphisme haut de gamme, il faut éviter à tout prix l'animation Flash qui se charge avant la page d'accueil. En règle générale il faut cliquer sur le lien "passer l'intro" pour accéder à la page d'accueil du site. Cette pratique n'a plus lieu d'être aujourd'hui. L'internaute veut accéder au contenu du site rapidement, cette page l'incommode. Sans parler des moteurs de recherche qui resteront pour la plupart à la porte de cette page, sans même entrer dans le site.

Le contenu de la page d'accueil

Il est inutile de concevoir sa page d'accueil comme une simple page de présentation des menus. L'internaute vient chercher du contenu. La page d'accueil doit lui en fournir, même sous la forme d'un résumé ou d'un titre. Il est conseillé de faire apparaître sur la page d'accueil un aperçu du contenu du site. Évidemment il faut mettre en avant uniquement le contenu à forte valeur ajoutée. Il est improductif de présenter le contenu de tout le site web.

Le message de la page d'accueil

Lorsque l'internaute arrive sur la page d'accueil d'un site web, il se demande où il est et ce que fait l'entreprise. Il est important qu'à un endroit de la page d'accueil le visiteur ait rapidement les réponses à ses deux questions.

La hauteur de page

En règle générale la page d'accueil doit être entièrement visible sur un seul écran. Aujourd'hui, une hauteur de 768 pixels correspond au standard (écran 1 024 x 768). Il est préférable que la page d'accueil propose une barre de défilement vertical le cas échéant plutôt qu'une barre de défilement horizontal.

8. La réglementation

Il est obligatoire aujourd'hui d'être en conformité avec la réglementation qui régit les sites internet. D'une part parce que cela donne du crédit au site web et rassure les internautes, d'autre part parce que la réglementation devrait se durcir dans les prochaines années. Autant être déjà en conformité avec la réglementation d'aujourd'hui.

La déclaration CNIL

Si le site web collecte des données personnelles, il est indispensable de faire une déclaration du site auprès de la CNIL. Cette démarche a été simplifiée pour inciter les sites à faire cette déclaration systématiquement.

L'envoi d'e-mail

Si le site décide d'envoyer une newsletter ou un e-mail aux visiteurs qui lui ont communiqué leur adresse e-mail, il doit le faire dans le respect des recommandations de la CNIL. L'internaute doit avoir donné son accord au site web pour la réception d'e-mail de sa part, matérialisé par une case à cocher "j'accepte de recevoir des e-mails du site web". De plus, il doit avoir un moyen facile d'accès pour se désabonner. Ce moyen doit lui être communiqué.

Les informations légales

Les mentions légales et autres informations légales sont obligatoires. En règle générale, ces contenus sont proposés derrière des liens permanents positionnés en bas de page.

A

B

F

G

I

J

K

L

M

R

T

U

V

W